# Indien 2008

## Reisetagebuch

Klaus Elix

ISBN 978-3-83-708296-8

Alle Rechte vorbehalten

© 2009 Klaus Elix

Herstellung und Verlag: Books on Demand GmbH, Norderstedt

## Vorwort

Die Idee hinter diesem Reisebericht ist die Sammlung meiner und unserer persönlichen Eindrücke von einer faszinierenden Indienreise im Oktober/November 2008.

Dabei versuche ich nicht, über die Sehenswürdigkeiten zu schreiben die wir besucht haben, deren Attribute, Hintergründe etc., das können die Lonely Planets der Welt um ein Vielfaches besser und mit denen möchte ich nicht konkurrieren. Außerdem habe ich ja viel zu viele Fotos gemacht und will nicht auch noch beschreiben, was darauf ohnehin zu sehen ist.

Wichtig ist mir, darzustellen, wie wir das Land erlebt haben, wie wir uns durchgeschlagen haben, und dabei die persönlichen Erlebnisse sowie die kleinen kuriosen, überraschenden und praktischen Anekdoten am Rande zu erzählen.

Es ist das erste Mal, dass ich mich an einem am PC verfassten Reisebericht versuche. Als Form wähle ich die chronologische Sammlung der Einträge wie in einem Tagebuch oder – wenn man so will – wie in einem Blog. Allerdings mit der Freiheit, einzelne Beiträge auch später noch zu ergänzen, wenn mir beim Wiederlesen noch etwas erzählenswertes mehr dazu einfällt. Als Sprache habe ich Deutsch gewählt, was zwar die audience einschränkt aber eine nette (urlaubsgerechte) Alternative zu meinem sonstigen Geschreibsel ist.

Rechtschreibung und Kommasetzung bitte ich zu entschuldigen. Wenn Brigitte mal wieder einen Eintrag liest, sagt sie meist irgendetwas von „ganz nett, aber wohl in Deutsch nicht richtig aufgepasst".

Es gibt keine echte Zielgruppe für dieses Reisetagebuch außer Brigitte und mir, aber ich kann mir schon vorstellen, es wohlmeinenden Freunden zum Lesen zu geben. Und ich würde mir wünschen, dass der eine oder andere Leser hier und da unsere Eindrücke mitfühlt, mitleidet und mit uns schmunzelt.

Klaus Elix; Calangute, Goa, Indien; 08. November 2008

## 24. Oktober 2008, Erster Tag, 2.11 Uhr, Hotelzimmer

"Riechen Sie es?" fragte die freundliche Stewardess, „der ganz typische Geruch hier in Indien" setzte sie fort, sah uns fragend an „oder waren Sie noch nie in Indien?". „Nein" sagten wir, „noch nie". Mit besorgter Mine warnte sie uns dann vor diversen Gefahren und möglichen Schocks. Sie erzählte von den Warnungen, die das LH Personal erhalten hätte, aber machte auch nicht den Eindruck, als wenn sie selbst sich davon einschüchtern lassen würde.

Was für ein angenehmer Flug – mit viel Glück sind wir seit langem zum ersten Mal wieder upgegraded worden, d.h. wir durften im Oberdeck einer Boeing 747 fliegen, sehr beeindruckend! Und das obwohl wir schon den als Economy gebuchte Flug mit 8 eVouchern auf Business upgegradet hatten. Nun ja, irgendwann muss man die Dinger ja mal einsetzen.

Das erste Kingfisher-Bier. Jetzt, um kurz nach 2 Uhr nachts im Hotelzimmer. Es gibt keine Bar, die noch offen ist, weder im Hotel noch draußen irgendwo (jedenfalls nicht dass wir wüssten, oder es finden würden oder auch finden wollten). Wir trinken darauf, dass wir die Taxifahrt vom Flughafen überlebt haben ...

Flug und Landung liefen extrem smooth. Alles on time – more or less. Immigration – da wir früh ent-boarded wurden auch kein Problem: keine Schlangen, keine großen Fragen, aber der Officer befasste sich ca. 5 min nur mit unseren Pässen, unseren Immigrations-Formularen und natürlich den Visa die wir mit einigem Aufwand vor der Reise beantragt und in den Pass geklebt bekommen haben.

Nach Immigration geht's zum Gepäckband, dann zum Wechseln, der Euro bringt 61.55 Rupien („rs"), wir wechseln 200€. D.h. 100 Rupien sind ca. 1,50€. Dann zur offiziellen Traffic Police Pre-paid taxi booth um ein Taxi zum Hotel zu kaufen. Das ist wohl der einzige Weg, ohne zu viele Tricks und ohne endloses Handeln an einen fairen Preis zu kommen. Wir zahlen 320 rs (5€) und erhalten einen Computerausdruck. Mit dem gehen wir dann durch einen speziellen Flughafenausgang nach draußen. Die Moskitos unter den hellen Lampen bilden einen fast festkörperartigen Kegel. Wir werden zu einem Taxi bugsiert das tatsächlich im Nummernschild dieselbe Nummer aufweist die auf dem Ausdruck vermerkt ist und laden mit einiger Mühe unser wirklich nicht sehr umfangreiches Gepäck ein.

Es geht los, eine Art Uralt-Bulli, aber Marke Fernost, keine Sicherheitsgurte, keine Klimaanlage aber alle Fenster offen, die Sitzbank(!) leicht lose, die durchgehende Rückenlehne ebenfalls. Der Taxifahrer ist ein junger, freundlicher Mann – etwas müde vielleicht – aber er fährt als wenn es seine letzte Fahrt werden müsste. Auf 4 Spuren in eine Richtung passen locker 7 Fahrzeuge nebeneinander und zwischeneinander - sich gegenseitig auf allen Spuren rechts und links überholend.

Ach ja, in Indien fährt man links, wie in UK, vielleicht fand ich es auch nur deshalb so irritierend. Jedenfalls haben wir überlebt. Soweit ich mich erinnern kann, gab es keine unmittelbare Berührung mit anderen Fahrzeugen, wohl weil der Fahrer pro Minute ca. 20-mal gehupt hat.

Irgendwann werden aus den großen Straßen mit den überladenen LKWs – voll mit Aufschriften, die zum Hupen auffordern - kleinere Straßen, nach 20-25 min sehen wir die ersten Schilder die zum Connought Place weisen, dann taucht auf einmal ein vergleichsweise riesiges Gebäude auf dem Nichts aus, sehr gepflegt: das „The Metropolitan" unser Hotel, 4 ½ Sterne, schönes Zimmer, viel Marmor, aber – soweit man um die Zeit sehen kann – scheint es sehr einsam in der Landschaft zu stehen. Nix drum rum weit und breit. Lange check-in-Prozedur aber alles o.k. Gebucht über Expedia – wie immer eine zuverlässige Erfahrung. Knapp 800€ für 4 Nächte ist viel Geld aber wir wollten uns nicht gleich am Anfang mit den falschen Leuten das Quartier teilen. Mal sehen, wie das von hier aus weitergeht.

Zeit, ins Bett zu gehen. Schließlich ist morgen unser erster echter Tag in Delhi. Und da wollen wir fit sein, und wach, voll dabei!

## 25. Oktober 2008, Delhi, Zweiter Tag, Hotelbar gegen 18.00

Später Nachmittag. Wir sitzen in der Bar unseres Hotels. Leicht erschöpft von so vielen neuen Eindrücken. Delhi ist tough. Aber doch nicht so schockierend anders als andere Teile der Welt, die wir schon gesehen haben. Das extremste ist wohl der Verkehr und jede Form der Teilnahme daran. Kaum noch abzählbar, wie viele „öffentliche Verkehrsmittel" wir heute benutzt haben. Es begann mit einem halbwegs normalen Taxi, mit dem wir zum Red Fort gefahren sind: da der Hotel-Porter nur ein Taxi herbeiwinkt, ist die Verhandlungsposition schon mal geschwächt... – nichtsdestoweniger haben wir den Preis auf 200 rs (3€) heruntergehandelt, natürlich wurden wir den ganzen Weg über mit Vorschlägen belästigt, uns den Rest des Tages zu fahren, auf uns zu warten etc., etc. Nach einiger Zeit haben wir die Diskussion zu dem Thema eingestellt, d.h. dem Fahrer nicht mehr geantwortet. Er hat uns trotzdem zum Red Fort gefahren, und das war's.

Das Red Fort ist so groß, das man es – bei dem Smog hier – selbst wenn man direkt davor steht kaum ganz sehen kann. Aber innen drin sehr beeindruckend: die größte Anlage dieser Art – sehr muslimisch, sehr arabisch, sehr mogulisch, „mugal". Absolut wert, eine Stunde darin herumzulaufen und Bögen, Ornamente, Kuppeln, Zinnen, Flächen, Perspektiven, Türmchen und Verzierungen zu bewundern. Das ganze erinnert etwas an Cordoba in Spanien, sehr sogar, je länger ich darüber nachdenke.

Vom Roten Fort wollten wir eigentlich zu Fuß durch Alt Delhi über Chandni Cowhk bis zur Moschee Jami Masjid laufen, kamen aber dann kaum über die erste Straße ohne überfahren zu werden. Da waren wir gerade im richtigen Zustand um uns für eine Fahrradriskschafahrt beschwatzen zu lassen. Die wohl schlechteste Form der Beförderung heute – aber immerhin kommt man damit fast! überall durch – dachten wir. Aber in einigen Gassen in Old Delhi ist es so eng, dass zwar eine Rikscha durchpasst aber nicht zwei sich entgegenkommende und dann gibt es Stress. Weniger für uns aber die Fahrer untereinander werden unleidlich und es kommt zu mehr oder weniger unangenehmen Berührungen mit den anderen Fahrzeugen auf der Straße. Einmal war alles so verstopft dass die lokale Polizei aus einer der Nachbarstraßen ausrückte und mit ein paar Schlagstockhieben und –stößen irgendwie für eine Verflüssigung des Verkehrs sorgte.

Eine unvergessliche Radfahrt war das jedenfalls – durch den Silbermarkt, den spice market und noch diverse weitere, deren Namen nicht zu verstehen waren und die wir eigentlich auch gar nicht sehen wollten, denn wir wollten eigentlich nur zur Moschee.

Am Ende der Tour (50 rs (0,75€) waren als Preis für 1 Stunde verabredet) wollte unser Oberradfahrer – er musste sich wirklich anstrengen, weil wir nicht wie von ihm vorgesehen an jeder Ecke einem seiner Freunde in einer anderen Werkstatt einen (Kauf-) Besuch abgestatten haben sondern einfach auf dem Rikscha sitzen geblieben sind, insgesamt ca. 50 min über Stock und Stein, durch dick und dünn – ach so ja, er wollte also 250 rs (3,75€) pro Person haben, das war natürlich nur mal so ein Versuch seinerseits, aber wegen des vielen Schweiß' hat er dann 100 rs (1,50€) bekommen und wir waren wirklich in Sichtweite der Moschee.

Jami Masjid – die größte Moschee Asiens – stellte sich dann aber als eine Nummer zu groß für uns heraus, man konnte litterally nicht darum herum laufen – wg. dem heftigen Verkehr in allen Altstadtstraßen rund um die Moschee, und sehen konnte man sie von außen auch nicht wirklich. Offensichtlich war gerade Gebet und „Betreten Verboten" mit uniformierten Wächtern am Eingang und so. Ein paar Fotos von der Seite und von unten – wenig beeindruckend und wir entschlossen uns, erst mal zurück zu Hotel zu düsen.

Diesmal im Motorikscha – deutlich komfortabler – wenn auch nur relativ. Aber es dauerte nicht so lange, aber immerhin so um die 30 min, und wir waren wieder in unserem kalten Hotelzimmer.

Schon letzte Nacht hatten wir mit der Kälte zu kämpfen. Der einzige Weg den kalten Wind abzustellen, ist die Klimaanlage auszuschalten, aber erstaunlicherweise bleibt es trotzdem eiskalt. Inzwischen hat man uns nach mehrfachem Nachfragen eine Heizung ins Zimmer gestellt. Mal schauen ob das heute Nacht hilft.

Der Tag war natürlich noch nicht zu Ende. Es war gerade erst kurz nach 2 Uhr mittags. Im Hotel haben wir dann erstmal indisch zu Mittag gegessen. Wirklich gut, im „Chutney Restaurant" – in der Tat beeindruckendes Essen. Allerdings auch vom Preis her, vollständig europäisches Preisniveau. Man bekommt einfach kein so gutes indisches Essen bei uns in Deutschland: kreativ, super gewürzt, spannende Kombinationen, exzellenter Service: teuer, aber immerhin gut.

Vom Haus kommt eine amouse geule: eine raffinierte Krokette, ein paar pappadom-artige Snacks mit 3 top Saucen, und ein gewürzter Orangensaft. Als Vorspeise teilen wir uns eine „Appetizer Chutney Plate" eine Kombination von Krabben, Lamm und Chicken mit drei weiteren Saucen. Hauptspeise, jeder von uns hat ein unterschiedliches Chicken: minced und slices beides etwas scharf gewürzt (wir hatten „mild" geordert – das macht uns klar, was wir bekommen hätten, wenn wir „hot" gesagt hätten). Ein kleines Dessert – indische Eiskreme mit Pistazien – kam dann noch vom Haus weil wir eigentlich kein Dessert wollten. Alles in allem kostete dann knapp unter 50€, aber dafür haben wir gut gegessen.

Der zweite Trip des Tages führte uns zum Connaught Place. Eigentlich wollten wir ganz zu Fuß gehen, aber nach etlichen hundert Metern und vielen Straßen die schlicht unüberquerbar schienen, fanden wir dann ein Motorikscha, das uns für 50 rs (0,75€) in die richtige Richtung fuhr – zu Government Emporium, einem Shopping Center in dem wir hofften, einen Telefonshop zu finden, war aber nix, alles nur Souvernir-Shops, Klamotten und anderer unnützer Kram. Am Connaught Place fanden wir dann immerhin zwei Läden, die Karten von Indien führten, etwas, das uns noch deutlich fehlte – und dann an der nächsten Ecke ein echtes Café (2 Coffee Espresso Americano). Nette Atmo auch wenn die Klimaanlage defekt war und es daher wirklich zu warm war.

Zurück zum Hotel ging es dann erneut per Motorikscha – ohne große Probleme. Dort angekommen blieb noch genug Zeit um die Fotos herunterzuladen und ein paar Zeilen für meine Reiseberichte zu verfassen. Draußen, im Hotelpool-Bereich war es zu Moskito-verseucht, leider. Wir gingen rein, fanden die Bar, und hatten die Happy-Hour

Wein/Bier Kombi während in der Lobby der PC die erste „Grüße aus Indien"-mail an den kleinen Verteiler von Leuten versandte, denen wir glaubten, das zumuten zu können.

### 25. Oktober 2008, Delhi, Tag 3, Hotelbar, ca. 19.20

Heute trafen wir unseren Fahrer, mit dem wir die nächsten 10 Tage oder so verbringen wollen. Lilu, in den 60ern, ein freundlicher, sympathischer Mann, ehemaliger Militärfahrer, der mir – es gibt seltsame connections - vom Sohn unseres Hausarztes wärmstens empfohlen wurde. Die Empfehlung kam aber auch mit dem Kommentar, dass er ziemlich wild und draufgängerisch Auto fahre.

Dieser Meinung können wir uns nach der heutigen Erfahrung nicht anschließen. Im Vergleich mit den anderen Fahrern gestern und vorgestern war das relativ zivilisiert und rücksichtsvoll. In Deutschland würde man das allerdings anders sehen: wer sich beim Einbiegen auf eine Vorfahrtstraße einfach „einfügt" ohne auf eine Lücke zu warten, andere Fahrzeuge schneidet, wenn sie auf der Spur neben einem fahren – na ja, bei uns wäre das ungewöhnlich aber hier gilt das noch als rücksichtsvoll. Rücksichtslos ist hier, wenn man ohne zu Hupen und ohne zu schauen andere zum quietschenden (!) Bremsen zwingt. Nur Bremsen ist schon o.k., hupen sowieso. Nachts kann man über die Stadt verteilt von oben durch das geschlossene Schallschutzfenster ungefähr hören, wo die großen Straßen verlaufen – nur über das Hupen.

Bei all dem Verkehrschaos ist bemerkenswert, dass wir noch nicht einen einzigen Unfall gesehen haben – und übrigens auch noch keine mit Sirengeheul fahrenden Krankenwagen oder Polizeifahrzeuge. Entweder haben die aufgegeben, weil sie sowieso nicht durchkommen oder es gibt bei allem Gehupe und trotz reckless driving am Ende doch weniger Unfälle.

Viel gesehen haben wir heute: das alte Fort, Humayun's Tomb, Lodi Gardens, Nazzarim, das Regierungsviertel, das India Gate und noch so viel mehr. Alles sehr speditiv – dank unserm eigenen Fahrer, der immer ohne Murren vor dem Eingang der jeweiligen Sehenswürdigkeit wartet und wenn wir dann wiederkommen, geht's weiter. Viel angenehmer geht es nicht. Kein dauernd neues Preisaushandeln mit Taxifahrern, die glauben, ausgerechnet an uns ihr Jahreseinkommen verdoppeln zu können, so als Einstieg in die Verhandlungen.

Der „Dunst" über der Stadt scheint sehr dauerhaft zu sein. Nachts riecht es, als würde im Stadtgebiet ein Wald abgebrannt, aber das täuscht wohl. Die Zeitungen sprechen davon dass die derzeitige Smog-Wetterlage ungünstig sei für das nach dem Wochenende anstehende Diwali-Fest, das offensichtlich mit jeder Menge Feuerwerk begrüßt wird – und wenn dann auch der Rauch nicht abzieht, dann wird's wohl echt übel... Delhi gehört übrigens – ebenso wie Kalkutta – zu den sieben am stärksten luftverschmutzen Städten weltweit (wir haben überlegt, welches wohl die anderen sind: Peking, Shanghai sollten wohl dazugehören). Die meisten der 13 Millionen Einwohner Delhis husten wohl deshalb so nachhaltig.

Ich könnte jetzt über jede der heute gesehenen Highlights länglich schreiben, aber warum soll ich das wiederholen, was in den Reiseführern steht. Viel spannender ist doch zu beschreiben, wie wir das erlebt und gesehen haben.

Das war heute ein anstrengender Tag, nicht nur wegen der Hitze und dem Smog. Viel laufen, durch glühende Sonne. Gerade das Old Fort und Humayun's Tomb sind sehr weitläufig, viele alte Steine, sehr prunkvoll, jedenfalls früher, viel Rasen dazwischen darunter ein paar ausgegrabene Ruinen. Irgendwo findet sich noch ein Museum in dem die Fundstücke ausgestellt sind.

Zu den nicht im Reiseführer zu findenden Abenteuer-Highlights des Tages gehört der Erwerb eines Mobilfunktelefons. Für 1500 rs (ca. 23€) haben wir ein schönes, kleines Vodafone-Telefon gekauft – ohne Vertragsbindung. Dazu eine SIM-Card mit 12 Minuten Telefonieren für ca 1000 rs (15€) und noch mal 999 minutes für ca. 1400 rs (21€). Alles in allem, ca 60€ incl. eines neuen Telefons und umsonst telefonieren für den Rest unseres Aufenthaltes (ich hoffe es hat kein SIM-lock... aber das war nicht auch noch zu ermitteln).

Bezahlen war schwierig und die Bürokratie war aufwendig um dann wirklich an das Telefon zu kommen. „Hätten Sie mal bitte eine Kopie Ihres Visums und ein Passfoto?" Das mit dem Passfoto hatte ich ja in einem Forum vor der Reise gelesen und Brigitte zauberte aus ihrer Handtasche tatsächlich ein schlechtes, altes Foto von mir, aber der Pass mit dem Visum lag natürlich im Safe im Hotel. Mal sehen ob das auch anders geht? O.k., wir können anbieten: einen Personalausweis, einen Führerschein und eine Farbkopie des Reisepasses (allerdings ohne Kopie des Visums). Also, ja, es ging dann auch so. Ein Molto (eines der vielen Faktotums, die hier immer irgendwie verfügbar sind) wurde mit meinem Personalausweis, Führerschein und der Passkopie weggeschickt – zum Kopieren – kam dann nach einigen Minuten wieder, alles wurde sauber an den Pre-paid-phone-Antrag geheftet. Ich habe dann noch meine Adresse auf ein klein bedrucktes Formular geschrieben und an drei Stellen unterschrieben, genauso wie auf weiteren 3 noch leeren Formularen. Eine Unterschrift musste sowohl den Antrag füllen als auch über das Passfoto gehen. Das war es dann schon fast.

Danach ging es ans Bezahlen: ja, kein Problem, gerne auch mit Kreditkarte (jedenfalls nach telefonischer Rückfrage beim head office). Zur Abwicklung der Kreditkartenzahlung sind wir dann mit einem anderen Molto ein paar hundert Meter durch ein ziemlich unwirtliches Viertel gelaufen um dann – als der Gestank wirklich fast unerträglich wurde – in ein klimatisiertes Office zu kommen – ich nehme an das war der Meister über mindestens 700 Vodafone-Shops, „kommen Sie aus Deutschland, da habe ich auch mal gearbeitet...", der Molto verschwand mit der Kreditkarte um nach ein paar Minuten mit einem kleinen Ausdruck zurückzukommen, genau der Preis, der vereinbart war, der Ausdruck wurde in „my part" und „your part" zerlegt, einer unterschrieben und der junge Mann hat uns über eine Straße, in der es nur Shops zu geben schien, die Motorräder reparieren, wieder zurück zu unserem Vodafone-Shop geführt. Alles 100% korrekt und - wichtig zu erwähnen - wir haben uns in der Gegend zu keinem Zeitpunkt unsicher gefühlt. Am Shop war Lilu fast verzweifelt, weil wir auf einmal irgendwie vom Erdboden verschwunden waren. Er hatte derweil einen Parkplatz in einer Seitenstraße gesucht – so unmöglich wie morgens nach 10 Uhr in der Nähe meines Büros.

Dass ich dann das Telefon auf der weiteren Fahrt fast noch mal verloren hätte, ist eine andere Geschichte. Irgendwie hatte ich eine Tasche an meinem Rucksack nicht ganz zugemacht und als wir dann wieder auf dem Hotelzimmer waren, war jedenfalls kein neues Vodafone-Telefon mehr in meinem Rucksack. Die Frage war, war es im Lodi Gardens – einem riesigen Park mit vielen alten Gebäuden verloren gegangen, oder war es im Auto einfach herausgerutscht. Die Antwort erhielten wir, als wir vom Zimmer auf dem Weg zu Hotelbar waren. Lilu rief uns tatsächlich auf unserem deutschen Telefon an um uns zu sagen, dass „your vodafone is in car". Das war natürlich wirklich nett – und wir freuen uns schon auf das für morgen geplante Lunch mit seiner Familie in seinem Haus „in the countryside", ca 60km von Delhi.


### 26. Oktober 2008, Delhi, Tag 4, Hotelbar, ca. 19.20

Ein völlig anderer Tag heute: wir waren bei unserem Fahrer zuhause eingeladen. Weit nord-östlich von Delhi. Nach 2 ½ Stunden Fahrt (für 60 km) durch Vororte von Delhi und durch die „countryside" – vom völlig versmogten Delhi zur völlig verstaubten Umgebung.

Der erste Stopp führte uns zu Lilus Bruder in die Nähe von Meeruth. Irgendwann unterwegs biegt unser Fahrer von der regulären festen Fahrbahn ab und dann geht es noch eine halbe Stunde zwischen Zuckerrohrfeldern hindurch – auf weitgehend unbefestigten, kaum einspurigen Wegen (was nicht heißt dass es keinen Gegenverkehr gibt).

Das Haus des Bruders, der Farmer ist, öffnet sich – wie alle besseren indischen Häuser hier – durch ein Stahltor in der Mauer. Danach befindet man sich im Haus: ein offener Bereich dient als Wohnküche und Lebebereich. Zwei Türen führen in das Schlafzimmer und die

Toilette, weiter 1-2 Zimmer sind oben. Der überhängende Oberteil des Hauses dient auch dazu, ein Drittel des Wohnbereichs zu überdachen. In der Mitte des Wohnbereichs köchelt ein Topf auf einem kleinen Feuer in der Mitte des Raumes. Ein ca. 20 x 20 cm ummauerter, an einer Seite offener Bereich, ca 15 cm hoch, so dass der Topf genau darauf passt. Das Feuer wird durch zwei lange Leisten am Leben erhalten, die einfach nachgeschoben werden, wenn der Bereich im Feuer abgebrannt ist. Da das Holz nicht ganz trocken ist, raucht das ganze sehr stark. Macht aber nichts, da über dem Topf ja freier Himmel ist. Im Topf köchelt eine der typischen Mittagsspezialitäten, „Dhal", das man mit Chapati, einer Art Nam-Brot oder mit Reis aufgreift. Dhal ist eine Art aufgekochtes Gemüse, mehr oder weniger stark gewürzt.

Der Sohn von Lilu, Sundeep, der hervorragend englisch spricht, zeigt uns, nachdem wir einen Tee getrunken haben, noch den landwirtschaftlichen Bereich. Das bedeutet, dass wir ca 10 Minuten über offene Felder laufen müssen um dann an einem Steingebäude anzukommen, das eines Tages als Joga-Ayurveda-Wellness-Oase für westliche Reisegäste dienen soll. In dem Gebäude befindet sich ein Schlafzimmer, d.h. ein Zimmer mit zwei Betten auf dem kahlen Boden, nichts weiter, einmal übern Hof dann eine Art Badezimmer, da wir haben dann lieber nicht reingeschaut. Alle Wände sind innen und außen weiß getüncht aber wohl nicht kürzlich, sonst wäre die doch erhebliche Schimmel-Schwärze nicht zu erklären. Wir wenden vorsichtig ein, es könnte doch etwas schwierig werden, Touristen bis hierhin zu transportieren, auch wenn die Abgeschiedenheit und Naturbelassenheit der Siedlung einzelne, besondere Charaktere begeistern könnte.

Vom Bruder geht es dann in ca 30 min Fahrt zu Lilu nach hause. Dort essen wir zu Mittag. Wirklich ausgezeichnetes Essen. Lilus Frau, seine Tochter und ein Enkelkind sind uns unmittelbar sympathisch. Lilus Tochter arbeitet als Lehrerin im Nachbarort. In so einem Vorort von Delhi zu leben ist ein großer Vorteil – wird uns immer wieder versichert – man muss nachts nicht den Smog atmen aber kann trotzdem Business in Delhi machen. Das Haus ist deutlich komfortabler als das erste Haus, das wir heute gesehen haben, aber lässt trotzdem viele Wünsche offen.

Auch hier gibt es einen großen Bereich, der nur teilweise überdacht ist. Aber das Wohnzimmer ist größer, dort essen wir. Dort steht auch ein altertümlicher Fernseher, der per Kabel !!! Bilder von Star-Channel liefert. Wir sind beeindruckt, auch wenn das Bild des öfteren ausfällt, offensichtlich eine Folge eines unvermeidlichen Stromausfalls irgendwo unterwegs.

Wir essen exzellent: zwei Speisen: ein Blumekohleintopf, stark gewürzt und ein Dhal dazu Brot oder Reis, dazu Wasser aus der Flasche und eine Art Joghurt oder Milch-Creme (flüssig wie eine Suppe). Danach noch ein Tee.

Dann ist auch schon Zeit wieder aufzubrechen, schließlich wollen wir noch wieder zurück nach Delhi.

Auf dem Weg zwischen Station eins und Lilus Haus haben wir es dann geschafft, die geschäftlichen Details unserer Tour mit Lilu zu fixieren. Nur mit Sundeeps Hilfe natürlich, dessen englisch so viel besser ist als das von seinem Vater. Wir wissen jetzt dass in den 50€ die wir pro Tag zahlen, der Fahrer, das Auto, die Unterkunft und die Verpflegung des Fahrers sowie alles Benzin der Fahrt enthalten ist. Die einzige schlechte Nachricht ist, dass das Auto mit dem wir die Fahrt machen, wirklich dasselbe Auto ist, mit dem wir die letzten zwei Tage unterwegs waren – ein Tata irgendwas, der immerhin eine Klimaanlage hat, aber nicht sonderlich viel Kofferraum bietet.

Na ja, wollen wir dann morgen mal sehen wie wir damit klarkommen.

## 28. Oktober 2008, Agra, Tag 6, Hotelzimmer, ca. 15.40

Hotelzimmer, ja, mit Blick auf das Taj Mahal. Jetzt ist es deutlich sichtbar. Gestern Abend bei unserer Ankunft konnte man es ahnen, heute Morgen im Nebel sehen, wenn man wusste, wo man es suchen musste, aber jetzt ist deutlich sichtbar. Ebenso wie das Rote Fort, das wir ebenfalls vom Zimmer aus sehen können.

Das Taj Mahal ist zweifellos das größte und beeindruckendste Bauwerk, das wir auf dieser Tour sehen, besichtigen, fotografieren, erlaufen, erkaufen und uns darüber von einem Führer erzählen lassen. Und es hat in der Tat alle Erwartungen erfüllt und übertroffen. Überwältigende Harmonie und doch Gelassenheit, Macht und Ruhe strahlt es aus. Und es bleibt doch ein Mausoleum, das ein Mughal-Herrscher im 15. JH oder so für seine Frau (immerhin!) erbaut hat, nachdem diese bei der Geburt des 14. Kindes gestorben war. 22 Jahre Bauzeit 20.000 Arbeiter und nur der weißeste, härteste Marmor war gut genug, um ihn für dies Bauwerk zu verwenden. Ein paar Jahre später hat dann sein Nachfolger denselben Mughal-Herrscher ins Gefängnis ins Rote Fort gesteckt von wo aus er das Taj Mahal dann schmachtend am Horizont gerade noch sehen konnte (aber wenigstens gab es damals weniger Smog).

Das Rote Fort haben wir noch gestern Abend kurz nach unserer Ankunft besichtigt, ebenfalls äußerst bemerkenswert, es hat viel Ähnlichkeit mit dem Roten Fort in Delhi. Jede Menge neue Fotos gemacht, viel Sonne abbekommen, und viele neue Eindrücke, die erst mal verdaut werden wollen.

Für sein Alter von mehreren hundert Jahren ist das Taj Mahal in einem beeindruckenden Zustand, nicht verrottet, nicht verwittert, die feinen Marmorschnitzarbeiten sowie die vielen feinen Einlegearbeiten von Edelsteinen in Marmor (genannt Pietra Dura) an der Außenseite sind unverwittert und gehören neben der Gesamtgeometrie zum Beeindruckendsten dieses Bauwerks.

Schon erstaunlich, wenn man an den Zustand einiger Kirchen in Europa aus derselben Zeit denkt und dort Steinfiguren findet die inzwischen völlig rund gewaschen sind vom sauren Regen und von sonstigen Umwelteinflüssen. Die Gründe für den Unterschied mögen in der Qualität des Marmors liegen, aber auch darin dass die intensive Industrialisierung in Indien für viele Jahre nicht so weit fortgeschritten war wie bei uns. Jetzt hat sie uns aber in der zweifelhaften Disziplin der allgemeinen Verschmutzung deutlich überholt. Deshalb hat man in Agra auch vor ein paar Jahren mehrere hundert Betriebe geschlossen um die

Luftverschmutzung zu reduzieren mit dem Ziel das Taj noch etwas länger zu erhalten.

Wenn man - wie wir gestern - glaubt, die 200 km von Delhi nach Agra könne man doch mal eben in 2 Stunden fahren, irrt gewaltig. Wir haben etwa 4 gebraucht, aber es hätten auch gut und gerne 5 Stunden werden können. Dabei ist diese Strecke eine der bestausgebautesten Autobahnen in Indien und sicher die breiteste auf unserer ganzen Reiseroute. Allerdings führen hier Autobahnen mitten durch die Dörfer, was den Verkehr etwas herunterbremst weil sich Fußgänger, Rikschas, Kühe und viele Händler in der Verkehr mischen. So bietet sich unterwegs immer wieder ein Blick und damit eine Fotochance auf das Dorf- oder Stadtleben in allem seinem blühenden Chaos.

Die Probleme ließen sich vermeiden, wenn die Autobahnen eben nicht durch alle Städte und Dörfer führen würden, wo dann an Kreuzungen hemmungslos und ohne Rücksicht auf Ampeln und Vorfahrtregelungen von allen sich dort treffenden Straßen drauflos gefahren wird was das Zeug hält. Irgendwer fährt irgendwann mal wieder einen Meter vor und gleich pushen 4 bis 5 andere Fahrzeuge in den frei werdenden Raum. Wer dabei zuerst kommt, hat den Platz für sich gewonnen. Sobald sich dann wieder ein Fahrzeug bewegt geht das Spiel von vorne los und irgendwann ist man über die Kreuzung drüber.

Da es dort so langsam geht, gibt das Gelegenheit für Bettler, Händler, Schlangenbeschwörer mit Flöte, klagende Transvestiten, Behinderte und alle anderen Individuen, die gerne Geld hätten, sich an die Autos heranzumachen und auf sich aufmerksam zu machen. Dies geschieht i.W. durch ans-Autofenster-klopfen. Im Fall eines Behinderten mussten wir erleben, wie dieser mit seinem Armstumpf dumpf an unser Autofenster schlug – in der Hoffnung damit effektiver zu wirken. Wer nicht mehr laufen kann, robbt zwischen den Autos, die vor Kreuzungen warten, um die Fahrzeuge herum und hebt einen Arm bis auf Fensterhöhe hoch – um Almosen bettelnd. Kinder machen übrigens - wie erwartet - keine Ausnahme bei der Bettelei.

Wir müssen aber auch bemerken, dass wir ganze Schulklassen wohlerzogener Mädchen und Jungen in der Altstadt von Delhi getroffen haben, die wirklich nur Hallo sagen wollten, die schon ein paar Brocken Englisch können und sich ehrlich freuten, mit Fremden in Kontakt zu kommen. Ein Mädchen schenkte uns spontan ein Bild, das sie offensichtlich gerade im Unterricht erstellt hatte, gemalt und außen mit Stickereien verziert. Wir lernen, dass man nie vorschnell urteilen darf und jede Form von schnellem Urteil täuschen kann. Auch in den scheinbar ärmsten Gegenden trifft man auf viele Schüler in Schuluniform, die zugegebenermaßen nicht immer sauber ist, vor allem dann nicht, wenn es staubt und dreckt und die Luft kaum noch durchsichtig ist und sich die Schule nichtsdestoweniger „weiße Hose mit weißem Hemd" als Uniform gewählt hat.

Was hier an Erziehungsarbeit geleistet wird, hat alles Potential, Indiens Stück vom Kuchen der Welt in der nächsten Generation noch größer werden zu lassen. Als zweitbevölkerungsreichster Staat der Welt (nach China) ist Indien auf dem besten Weg, große Schritte aus der Armut zu machen. Die hohe Investition in Bildung ist eine Basis, eine weitere ist der Plan, praktisch jedes Haus – auch in den ländlichen Gegenden - kostenlos mit Breitbandzugang auszustatten, um jeder Familie Zugang zu Lernprogrammen, Bildung und Kommunikation zu geben.

Hürden zu schnellerem Wachstum sind zweifellos die Infrastruktur und die Bürokratie. Auch wenn in Delhi mit großem, selbstzerstörerischem Aufwand die Erweiterung der U-Bahn vorangetrieben wird (es gibt kaum eine große Straße, die nicht in der Mitte gesperrt, aufgerissen und blockiert ist weil ein Metro-Bauzaun im Weg steht), lassen sich Infrastrukturerweiterungen einfach nicht von heute auf morgen umsetzen. Es dauert auch bei uns Jahre um ein paar Kilometer Autobahn fertig zu stellen. Die Bürokratie ist ebenfalls enorm. Um eine Stunde Internet im Hotel zu kaufen, wird ein Formular mit zwei Durchschlägen ausgefüllt, ebenso für jeden Drink den man auf die Hotelrechnung setzt. Es ist lange her, dass wir zuletzt echtes Blaupapier zum durchpausen gesehen haben. Hier hat es wieder Hochkonjunktur, weil ja für alles mehrere Durchschläge gebraucht werden. So auch beim

Hotel-Check-in, wo jedes Mal der Pass halb abgeschrieben wird, die letzte und nächste Station der Reise sowie die Gesamtdauer erfragt und ins Formular mit Durchschlag eingetragen wird. (Wir fragen uns immer, was wohl passiert, wenn wir nie bei „your next destination" ankommen. Ob dann wohl jemand beginnt, nach uns zu suchen?)

Ursache für die Bürokratie ist u.a. auch das erhöhte Sicherheitsbewusstsein, die ständige und berechtigte Angst vor Terroranschlägen, die besonders gerne an hohen Feiertagen von Al-Kaida oder lokalen Ablegern verübt werden. Auch für den Anschlag vor 5 Wochen als in Delhi 20 Sprengsätze mehr oder weniger zur selben Zeit losgingen, hat Al-Kaida die Verantwortung übernommen.

Auch deshalb war uns heute, an „Diwali" – einem der höchsten indischen Feiertage (jeder begrüßt den Anderen mit „happy Diwali") – nicht ganz wohl dabei, mit dem Taj eine der größten Sehenswürdigkeiten des Landes zu besichtigen. Aber man darf sich einfach nicht durch den Terror irritieren lassen.


Jetzt sitze ich seit einer Stunde auf dem Hotelbett im Clark-Shiraz Hotel in Agra blicke abwechselnd auf den Bildschirm vor mir und das Taj Mahal leicht links von mir, das jetzt klar durch das Fenster über dem dschungelartigen Gebüsch zu erkennen ist, und wir überlegen, was wir mit dem restlichen Nachmittag anfangen.


## Etwas später, immer noch Dienstag, 28. Oktober 2008, so gegen 18.15

Das erste Bier heute, in der Hotelbar des Clark-Shiraz. Gerade aus der Altstadt von Agra zurückgekehrt. Das war wieder mal ein Erlebnis der eigenen, indischen Art. Unser Fahrer konnte in den Bazar nicht hereinfahren weil der nur für local cars zugelassen ist, wir also zu Fuß weiter. Laut Lonely Planet konnte der Weg zu unserm Ziel nicht so weit sein, wir wollten eigentlich nur in einer der Rooftop Restaurants noch einen kleinen Drink nehmen. Wir wollten zum Shanty Lodge Restaurant.

Kaum um die erste Ecke schnitt uns eine Art Prozession den Weg ab. Wie nach moslemischem Brauch üblich wurde eine aufgebahrte Leiche von Trägern auf den Schultern durch den Ort getragen, begleitet von ca. 100 ganz in weiß gekleideten Herren (keine einzige Frau dabei), die alle auch eine Fez-artige weiße Kopfbedeckung trugen. Wir reihten uns gegen Ende des Zuges ein und versuchten irgendwie unseren Weg zu finden. Das ist jedoch nicht so einfach, da es in indischen Bazaren keine Straßenschilder gibt. (Ehrlich gesagt haben wir auch außerhalb von Bazaren kaum welche gesehen).

Also nach dem Weg fragen. Sollte kein Problem sein, jeder versteht uns, nur die Richtungen in die die Herren weisen, sind recht unterschiedlich. Im Kampf um den knappen Quadratzentimeter Platz zum draufstehen stehen wir im Wettbewerb mit Autos, Motorikschas, Fahrradrikschas, Fahrrädern, diversen Rindern (die einzigen, denen immer Platz gemacht wird) und immer noch der Prozession. Brigitte sagt immer, wir sind dabei am Ende der Nahrungskette. Selbst die indischen Fußgänger haben mehr Übung im Durchsetzen als wir – jedenfalls in diesem Straßenverkehr-Dschungelkampf.

Wir lernen eine Grundregel: wenn man einen Inder etwas fragt, sagt er meistens erst mal „yes", dann kommt meist etwas, das man nicht versteht und schließlich möchte er wissen, wo man herkommt usw. Die Dauer-Yes-Antwort ist sicher freundlich gemeint, aber nicht immer hilfreich. „Is this the way to the Shanty Restaurant?" wird halt mit „Yes" beantwortet, und schon laufen wir in die falsche Richtung.

Nach ca 4-mal fragen und 20 min sehen wir unser Ziel, finden sogar den Eingang, und schleichen viele Stockwerke nach oben. Kurz nachdem Brigitte aufgeben will (es war so dunkel im Treppenhaus, dass man kaum noch etwas sehen konnte) sieht man eine Art Lichtschacht, das ist der Zugang zur Dachterrasse.

Dort – völlig überraschend – ein traumhafter, naher Blick auf das Taj Mahal. Links von uns die untergehende Sonne und vor uns, ca 500 m entfernt das erste Gebäude des Taj Komplexes. Wir sitzen mit ca. 10 anderen Touristen auf der Terrasse, die noch weit mehr Plätze hat, und bestellen zwei Lemon Soda. Das ist der extra dafür frisch ausgepresste Saft einer Zitrone und ein sprudelndes Mineralwasser aus der Flasche. Super zum Durstlöschen. Alkohol steht nicht auf der Karte.

Ich schieße eine schier endlose Zahl von Fotos in Richtung Taj und in die Altstadt. Die Sonne geht unter. Dunst (Smog?, Rauch?, Nebel?) zieht auf und legt sich wie eine Schicht zwischen die Altstadt und das Taj. Es wird schnell dunkel. Als Snack bestellen wir ein Popadom mit Spezialbelag (Gurken, Tomaten, viel scharfer Pfeffer) und bezahlen für die Drinks und den Snack zusammen 60 rs (ca. 0,90 EUR).

Auf der Treppe zurück zur Straße haben wir Gelegenheit einen Blick in die im Reiseführer hochgelobten Zimmer des zugehörigen Shanty Hotels zu werfen. Gut, dass wir hier nicht wohnen. Neben dem unerträglichen Lärm (vor allem das permanente Hupen), der von den Gassen der Altstadt hochschallt, schreckt uns auch die Tatsache, dass die Fenster aller Zimmer sich nur zum Treppenhaus hin öffnen. Auf einer Etage macht sich eine Dame in der Toilette zurecht, nicht zu übersehen, sie hat die Tür aufgelassen, wohl weil das Licht in der Toilette ausgefallen ist.

Zurück in den Gassen, finden wir schnell ein Motorikscha und sind in wenigen Minuten beim verabredeten Treffpunk mit Lilu. Wir rufen ihn kurz von unserm (jetzt unschätzbar wertvoll erscheinenden) indischen Mobiltelefon an, er kommt, wir fahren ins Hotel und geben ihm für den Abend frei.

Kurz nachdem ich angefangen habe, diesen Beitrag zu schreiben, beginnt draußen eine gnadenlose Knallerei, wie bei uns nur auf Silvester. Das ist die Art wie die Inder Diwali begehen. Die Zeitungen sorgen sich schon um die Luftqualität ... zu dem Smog auch noch die Silvesterknallerei, wenn es dann windstill ist, zieht nichts mehr ab und es gibt viele Tote.

Es scheint jedoch keinen festgelegten Zeitpunkt für die Knallerei zu geben. Unser Hotel hat um 18.30 geknallt, so mit Touries auf Gartenstühlen im Halbkreis und wahrscheinlich war es als Tageshighlight auf irgendwelchen Veranstaltungsbrettern der

Pauschalreisen zu lesen. Wir sind froh, dass wir damit nichts zu tun haben.


## 30. Oktober 2008, Jaipur, Tag 8, Hotelzimmer, ca. 21.30

Jaipur, schon der zweite Abend. Schon wieder eine neue Welt. Ganz anders als vorher: wir sind jetzt in Rajasthan.

Gestern 270 km gefahren. 9.00 Uhr los, um 10.00 sind wir in Fatheput Sirki, einer Geisterstadt ca. 40 km von Agra. Absolut faszinierend. Regierungspalast der Mughals für 20 Jahre, danach nichts mehr. Alles ist so erhalten wie es zurückgelassen wurde. Aus rotem Stein gehauen, feine stone carvings, ein See mit einer künstlichen Insel. Wohlgeformte Gebäude, mehrere Etagen. Die Architekten dieser Gegend waren wohl alle miteinander verwandt oder haben voneinander gelernt, denn die Stilelemente wiederholen sich: die Thron-Sitz-Baldachine, die unsymmetrischen und doch harmonischen mehrgeschossigen Häuser, die Diwans, entweder für Privataudienzen oder für öffentliche Veranstaltungen, das gleiche Gebäude, die gleichen Elemente.

Jaipur hat uns heute, beim zweiten Versuch der Annäherung viel besser gefallen als gestern. Nach langer tour waren wir gegen 15.00 Uhr angekommen, nach Hotelsuche – 3 Hotels haben wir erst mal angefahren und angesehen - bevor wir uns für das Royal Orchid entschieden haben, 6700rs (100€) plus Tax, ganz o.k.

Dann doch noch in die Innenstadt. Lilu setzt uns auf einem Parkplatz ab und versucht, uns den Weg zu zeigen. Gar nicht nach unserem Geschmack. Wir sind gewohnt, selbst zu finden und nicht hinterherzulaufen. Wir bleiben stehen, machen Fotos, schauen uns um, blicken hier und da hinein. Der Hassle-Faktor in Jaipur Zentrum ist unprecedented. So schlimm war es selten. Auf den vielleicht 1500 Metern hören wir (gefühlt) deutlich mehr als 1500 Angebote für Fahrradriskschas, Motorikschas, Shops, Schals, Puppen, Edelsteine,

Andenken, Schmuck und vieles andere mehr, von den Bettlern ganz zu schweigen.

Wir gehen vorbei am City Palace Museum, am Jantar Mantar und suchen den Palast der Winde – Hava Mahal, aber die Sonne bescheint das phantastische 5-stöckige Gebäude von hinten, dafür aber die andere Straßenseite in sehr faszinierender Weise. Um das Hava Mahal in voller Größe bewundern zu können, müssen wir die Straße überqueren, was immer ein mittlerer Alptraum ist, da der Strom an Autos, Motos und Fahrrädern eigentlich nie abreißt. Der einzige Weg ist, wenn der Verkehr etwas dünner ist, einfach loszulaufen und am Besten nicht mehr zu schauen, weil hingucken heißt ja, dass man den anderen sieht und dann weiß der ja, dass man stehen bleiben kann, also drauflosgehen, ruhig und gleichmäßig, damit die anderen sich an uns orientieren können und müssen. Es klappt. Bis zur Mitte jedenfalls, dann sehen wir dass der Verkehr auf der anderen Seite deutlich stärker ist, es gibt praktisch überhaupt keine Lücken. Irgendwie klappt es dann doch und ich denke darüber nach, für jede überlebte Straßenüberquerung in einer der lokalen Gotteshäuser eine Kerze zu spenden – oder besser gesagt (da wir ja hier in einem Land mit 80% Hindus sind) – in jedem Hindutempel eine Blume zu kaufen, und die ich dann ein paar Meter weiter als Opfer ablege.

Inzwischen ist klar dass auch diese Übung mit jeder Praxis einfacher wird, heute ging das schon viel besser.

Gestern, wie auch heute Abend, landen wir in einem Restaurant mit dem schönen indischen Namen „Copper Chimney" und essen beide Male gut und sehr indisch und sehr scharf.

Eigentlich ist das ja nicht so unsere Sache, wenn wir zwei Abende in einer Stadt sind, an beiden Abenden im selben Restaurant zu essen. Also haben wir uns mithilfe unserer Reiseführer ein anderes Restaurant als gestern ausgesucht: das „Dasaprakash". Klang gut im Text. Als wir vor Ort ankommen, stellt sich heraus, dass es nur vegetarische Küche anbietet und außerdem keinen Alkohol. Wir gehen wieder. Da wir ohnehin auf der MI Road Richtung Westen stehen, entscheiden wir uns dann für das „Handi". Hochgepriesen in unserem deutschen Reiseführer und auch im Lonely Planet erwähnt. Diese Schreiberlinge müssen alle Antialkoholiker sein, jedenfalls gibt es auch hier keinen Alkohol und so gehen wir vom Handi aus mal eben nach nebenan, eben wieder ins Copper Cimney.

Zwischendurch erhalte ich einen Anruf auf meinem indischen Handy (Ursprung und Absicht s.o.). Es ist der erste ernsthafte Anruf, den ich auf diesem Handy erhalte. Es ist der Verkäufer – klar hat der die Nummer. Erst denke ich, der will mir noch was verkaufen. Aber nein, er ist von Vodafone aufgefordert worden ultimativ eine Fotokopie meines Visums einzureichen, ansonst wird mein Service abgeschaltet. Da wir inzwischen zweit Tagesreisen von Delhi entfernt sind, kann ich ja nicht mal eben im Shop vorbeikommen und meinen Paß vorlegen. Ich schlage dem Verkäufer vor, daß ich das Visum fotografiere und ihm das Foto als jpg schicke. Er sagt, er will das Vodafone weitergeben. Mal sehen, was daraus wird. Das ist jedenfalls wieder so eine typisch indische Geschichte, die – wie immer sie ausgeht – zeigt, wie weit dieses Land noch von einer effizienten Infrastruktur entfernt ist. Ohne Visum könnte ich doch gar nicht hier sein.

Es ist jetzt kurz nach 10 Uhr abends am zweiten Tag nach Diwali und draußen geht immer noch ein Feuerwerk nach dem anderen hoch. Auf Diwali selbst habe ich gedacht, o.k. die machen das nicht eine Stunde lang wie bei uns, sondern einen Abend lang. Gestern dann, am Tag nach Diwali – es war offensichtlich auch ein Feiertag – habe ich gedacht, o.k. zwei Tage, wie Weihnachten bei uns, also gut, dann eben zwei Nächte Böller und Feuerregen am Himmel, aber heute ist schon die dritte Nacht und alles ist immer noch hell erleuchtet und es knallt überall.

Der zweite Diwali-Tag brachte übrigens jede Menge Hakenkreuz-Symbole mit sich. Ja, ich hatte im Reiseführer gelesen, daß das Hakenkreuz in der indischen Kultur für viele positive Dinge steht, aber es überkommt einen doch seltsam, wenn von einem Tag auf den anderen Autos und Gebäude mit Hakenkreuzen verziert sind, und in Restaurants die Fenster mit Girlanden verhangen sind, auf denen ein Hakenkreuz neben dem anderen aufgereiht ist.

Waren wir auf Diwali leicht beunruhigt über mögliche Terroranschläge, heute ist offensichtlich in Südostindien etwas derartiges passiert: ich habe eben beim Abendessen auf dem Blackberry im Internet auf CNN gelesen daß in Assam 9 Bomben fast zeitgleich hochgegangen sind, über 70 Tote. Das ist schon scary. Wir hoffen, daß das in Deutschland so berichtet wird, daß sich nicht alle Freunde und Bekannten Sorgen machen.

Für morgen haben wir zum ersten Mal auf diesem Trip ein Hotel vorreserviert. Das Puschkar Palace Hotel in Puschkar, 3900rs (60€) die Nacht. Das heißt wir wollen morgen nur die ca. 200 km nach Puschkar und nicht, wie von Lilu vorgeschlagen, die 430 km bis nach Udaipur (wir haben versucht, dort ein Hotel über expedia zu reservieren, aber nichts unter 500$ gefunden...).

Es ist ohnehin besser, so einen Trip langsam anzugehen, step-by-step, keine Hektik. Also nicht um 5 aufstehen und um 6 Uhr losfahren, sondern ruhig und gelassen ein Highlight nach dem anderen mitnehmen. Zur Not kommen wir halt noch mal wieder.

Darüber hinaus festigt sich ein „out-of-the-box" plan: statt von Udaipur die 800 km bis Delhi bei einem Schnitt von 30 km/h wieder mit Lilu zurückzufahren könnten wir eigentlich auch fliegen und so für eine – wenn auch nicht unbeträchtliche Summe – zwei bis drei Tage gewinnen. Mal sehen ob sich das so realisieren lässt.

Der heutige Weg durch Jaipur erschien uns dann viel entspannter – wohl mehr weil wir uns mit jedem Tag mehr an Indien gewöhnen. Wir haben bei richtigem Sonnenstand den Palast der Winde fotografiert und angeschaut (interessantes Detail: eine Mobilfunkfirma hat ein Plakat mit ihrem Logo so auf die Straße gelegt, daß man das Highlight von Jaipur nicht mehr fotografieren kann ohne dann formatgerecht auch das Logo dieser Firma mitzufotografieren – eine wirklich kreative Idee, brand recognition zu schaffen).

Danach waren wir über eine Stunde im wirklich sehenswerten City Palace Museum – unglaubliche Gebäudepracht aus den Zeiten der Maharadjas – von denen einer immer noch im Palast lebt, weswegen man Teile des Palastes nicht besichtigen kann. Und dann noch im Jantar Manta, dem Jaipur Observatorium, mit der größten Sonnenuhr der Welt und diversen Stern-, Sonnen und Zeitmessgeräten, die zeigen, was damals möglich war, wie die Astronomen dieser Zeit über die Himmelsmechanik dachten und wie sie das in konstruktiver Form umgesetzt haben.

Im City Palace Museum gibt es übrigens auch ein wirklich gutes Café, in dem wir mit viel Genuss eine Kaffeepause gemacht haben. Und nach dem Kaffee klangen die vielen „Ansprachen" auf den Straßen scheinbar auch gleich deutlich leiser.

Nach dem überzeugenden Walk durch Jaipur heute Morgen als erstes, ging es dann zum Amber Fort (gesprochen „Amer") – ebenfalls höchst eindrucksvolle Mughal-Architektur aber dieses mal auf einem Bergkamm (statt „Mughal" sprechen wir inzwischen untereinander von den „muggels"). Danach ging es nach Gaitor – höchst eindrucksvolle Gedächnis-Stätten – und dann noch zu zwei Sehenswürdigkeiten im Stadtgebiet von Jaipur.

## 01. November 2008, Chittorgarh, Tag 10, im Garten des Bassi Fort Palace Hotels, ca. 17.30

Kann es sein, daß wir wirklich schon 10 Tage unterwegs sind? Oder sollte ich sagen, erst 10 Tage, wenn ich denke wie viel wir schon erlebt haben.

Zum zweiten Mal wohnen wir heute Nacht in einem historischen Gebäude, einem Heritage Hotel, was vor allem bedeutet, kein Internet, keinen Fön, Vorhängeschlösser, die dicke Riegel verschließen statt Plastikkarten als Türöffner und viel altes Gemäuer – aber mit viel Charme.

Die Besitzerin des Bassi Fort Palace Hotels hat uns gerade persönlich empfangen und uns von der Geschichte des Forts erzählt, das bis ins 16. JH zurückgeht. Wir bewohnen eine mehrzimmerige Suite (für ca 50€), die wirklich groß und nett ist, viel Malerei an den Wänden, viele kleine Schmuckstücke, ausgesuchte antike Möbel, alles sehr liebevoll gemacht oder gesammelt und zusammengestellt.

Nachdem wir heute Nachmittag das Fort in Chittorgarh ausgiebig besichtigt haben, wollen wir hier jetzt den Rest des Tages ausspannen und recovern, aufholen, was wir and den letzten Tagen nicht für uns geschafft haben, wie z.B. dieses Reisetagebuch fortzusetzen und einigermaßen auf den neuesten Stand zu bringen.

Um dahin zu kommen sollte ich vielleicht chronologisch berichten und auch die kleinen Ärgernisse nicht auslassen: in der Nacht auf gestern, piepste gegen 4 Uhr morgens mein indisches Vodafone Handy – eine SMS. Umdrehen, weiterschlafen. So gut das geht, bei dem Hupkonzert, das selbst im 7. Stock des Royal Orchid in Jaipur trotz Doppelverglasung noch sehr heftig ist. Am nächsten Morgen lese ich die SMS: Vodafone Indien hat mich gebarrt, d.h. ich kann zunächst keine Anrufe mehr selbst tätigen, aber noch annehmen. Und - wenn ich nicht innerhalb von 24 Stunden mein Visum vorlege, wird der Service ganz gesperrt.

Da wir früh los wollen, verzichten wir auf das im Preis eingeschlossene Hotelfrühstück und machen uns nur einen Kaffee auf dem Zimmer. Ich versuche noch mal ins Internet zu kommen um ein schnell gemachtes, verkleinertes, in jpg und pdf umgewandeltes Foto meines Visums im Pass zu per email an Vodafone zu schicken. Das bedeutet hier: Rezeption anrufen, ein dienstbarere Geist kommt und hackt für eine Weile auf meinem PC rum und dann geht es. Nur – diesmal klappt es nicht. Nicht nach rebooten, nicht nach telefonischen Rückfragen, nicht nach vielen endlosen Minuten. Also denke ich „Memorystick", Visum auf den Memorystick kopiert und beim Auschecken schnell mal bitten, daß das Hotel den file vom stick liest und von ihrem account aus an VF schickt. Aber keiner der Hotel-PCs kann den Memorystick lesen oder auch nur erkennen. Wir geben auf. Dann eben nicht. Hotel bezahlen, diverse Trinkgelder für die diversen Hilfen und los geht es. Um 8.10 Uhr sind wir on the road von Jaipur nach Puschkar.

Im Auto denke ich, fotografieren kann ich doch auch mit dem Blackberry – und der funktioniert noch – wenn auch nur für Daten, anrufen kann ich auch damit nicht mehr (warum auch immer – später stellt sich heraus das dieser Effekt nur mit einem Provider auftritt (Hutch), mit Airtel kann ich auch telefonieren). Also bei gutem Sonnenlicht das Visum aus dem Paß fotografiert und per email an den Vodafone Verkäufer geschickt – übrigens hat dieser auch eine passende email Adresse (Risk4You@yahoo.com). Die Qualität ist hundsmiserabel, mit Mühe kann ich meinen Namen lesen, aber was soll's, das ist halt reine Bürokratie und Visum ist schließlich Visum. Und - siehe da - ca. eine Stunde später ist die Bemerkung „limited service" auf dem Display meines Telefons verschwunden und alles geht wieder.

Das Telefonabenteuer war nicht das einzige Abschalten von Services an diesem Tag. Als wir später unsere Flugbuchung von Udaipur nach Goa mit Kreditkarte zahlen wollten – nach 2 Stunden Internet research und länglichem Kampf um Flüge in einem winzigen, staubigen Internet-Café in Puschkar – bekomme ich die Nachricht daß meine wichtigste Kreditkarte (die Lufhansa-Karte) nicht mehr autorisiert wird. Also, Call-Center anrufen, fragen, noch mal fragen – endlich die Antwort „Sie haben ihre Code-Nr von der Rückseite 3 mal falsch eingegeben". Ist natürlich bullshit, ich weiß noch genau was passiert ist: ich habe versucht, ein Hotel damit zu buchen und habe den Code 3 mal richtig eingegeben, aber bin trotzdem jedes Mal rejected worden – wahrscheinlich hat deren Web-Site die Zahlen verdreht. Nach zahlreichen Abfragen zu meinen Lebensdaten, ist Lufthansa Card Services dann schließlich bereit, meine Karte wieder zu aktivieren.

Vorher habe ich natürlich erstmal einige Zeit mit dem Call-Center von expedia verbracht, um meine gerade getätigte Flugbuchung von Udaipur nach Goa nicht wieder zu verlieren. Denen konnte ich einfach eine andere Kreditkarte anbieten, mit der es dann funktioniert hat.

Zuvor sind wir durch einen langen Entscheidungsprozeß gegangen, sollen wir wirklich so viel Geld ausgeben um einen neuen Flug von Udaipur nach Goa zu buchen, nachdem wir vor dem Urlaub Delhi-Goa von zuhause gebucht hatten. Die Alternativen waren: a) Flug nach Delhi, und dann mit dem gebuchten Flug weiter – das hätte fast ebensoviel gekostet und b) per Auto zurück nach Delhi – was bedeutet hätte, daß wir zwei Tage je ca. 6 Stunden im Auto sitzen würden ohne echten Mehrwert. Außerdem sind wir bei der jetzt gewählten Option einen halben Tag früher in Goa und können Goa länger genießen.

O.k., nach all diesen issues haben wir jetzt tatsächlich eine Flug von Udaipur nach Goa gebucht und außerdem gleich ein Hotel für die beiden Tage in Udaipur.

Damit wissen wir jetzt ganz gut, wie unsere restlichen Tage aussehen. Heute von Puschkar nach Chittorgarh, morgen von Chittorgargh nach Ranakpur, und dann übermorgen von Ranakpur nach Udaipur, wo wir dann bis Mittwoch bleiben. Für morgen haben wir aber noch kein Hotel – und das bleibt auch so, bis wir wirklich in Ranakpur sind und die Hotels dort persönlich in Augenschein nehmen können.

Die Reihe der challenges war damit für gestern noch nicht zu Ende. Unser Auto hatte mitten auf der Autobahn eine Reifenpanne (die Lilu in bewundernswerter Weise in wenigen Minuten via Reifenwechsel behoben hat), und schließlich gab es in Puschkar nur vegetarische Kost und keinen Alkohol, was von allen challenges noch am leichtesten zu verschmerzen war.

Überhaupt – Puschkar ist eine einzigartige Erfahrung. Wir wohnen im Hotel Puschkar Palace in einem winzigen Zimmer (man kann sich nur mit Mühe an allen Seiten am Bett vorbeiquetschen), aber die Aussicht ist absolut phantastisch. Wir blicken aus dem 3. Stock völlig unbehindert über den Puschkar-See auf alle Ghats und die in Terrassen ansteigende weiße Stadt. Ich kann nicht aufhören, Fotos zu machen.

Die Stadt Puschkar strahlt eine einzigartige Magie aus: Alkohol, Fleisch und Drogen aller Art sind verboten. Puschkar spielt für die Hindus eine Rolle wie Mekka für die Moslems: einmal im Leben möchte jeder Hindu nach Puschkar pilgern und idealerweise bei Vollmond im See baden. Aber auch ohne Vollmond am Tage wie in der Nacht, pilgern zahlreiche Gläubige durch den Ort um in dem einen oder anderen Tempel die Stufen hinabzusteigen und im Lake zu baden. Die Gläubigen mischen sich mit Alt-Hippies, Neu-Backpackern, Meditations-Heilsuchenden, Gruppenreisenden, zahlreichen Touts und unscheinbaren Einzelreisenden wie uns, was alles zusammen dann Puschkar ausmacht. Viele der Westerners kleiden sich hier wie Inder oder was immer sie dafür halten: Pump-Hosen, weite Hemden, irgendwelche Seidenschals über die Schulter geworfen. Männer tragen mützenartige Kopfbedeckungen, Frauen kombinieren gerne Spagetti-T-Shirts mit drübergeworfener Seidenkleidung. Zum ersten Mal hören wir in Indien Techno und Pschodelic Music.

Uns gefällt es gut hier. Wir werden weniger belästigt als in Jaipur, was zum Teil an unserer wachsenden Abgebrühtheit liegt und zum Teil daran, daß es hier wirklich nett ist. Und vor allem – dies ist der erste Ort auf unsere Reise, in dem wir alles fußläufig erreichen können, d.h. der überhaupt zu Fuß zu begehen ist. Das macht einen großen Unterschied. Wir schlendern erst mal ein paar Stunden durch den Hauptbazar, stoppen hier und da, kaufen sogar ein Hemd für mich, gehen – ohne zu fotografieren natürlich – in einen der Badetempel und verbringen eine geschlagene Stunde relaxet in einem der Roof-top-Cafés bei Cola-Light, Sodawasser und einer ausgezeichneten Nutella-Crépe um unsere nächsten Schritte zu planen. Hier lässt es sich leben.

Die Gastronomie des Ortes (aber ohne Fleisch und Alkohol), glänzt mit dem Hard-Rock-Restaurant, mit dem Baba-Roof-Top und vor allem mit dem „Pink Floyd Café" (mit dem Motto „wish you were here"). Es gibt endlos viele, wirklich szenischen places, die aber dazu auch noch wirklich einladend sind. In vielen Lokalen hier würden wir gerne richtig viel Zeit verbringen.

Nachdem wir dann – ganz gegen den Trend - für 2 Süd in einem Internet-Café-Loch verschwinden – winzige Plätze für 30 rs (0,45€) pro Stunde, aber schnelle connection (unser Hotel hat kein Internet) – um unsere weiteren Pläne auch zu buchen (s.o.) kommen wir wieder ans Tageslicht und stellen fest, daß die Sonne gerade untergeht oder schon untergegangen ist. Wir denken: wie konnten wir das verpassen. Aber weit gefehlt. Die Sonnenuntergangshow geht – gleich neben unserem Hotel – gerade erst los. Der Himmel verfärbt sich in der beeindruckendsten

Weise von stahlblau nach tiefdunkelrot. Die Lichter in den Ghats gehen an. Eine weiter Gelegenheit für viele Fotos. Das permanente Gemurmel der Betenden und die Klänge der Gebetsglocken formen den akustischen Hintergrund für das Spektakel. Alles ist harmonisch, alles schwingt, alles passt.

Andere Traveller neben uns im Sunset Café sind gleichermaßen beeindruckt. Wir unterhalten uns mit Günther, der seit gestern in Puschkar ist, in Puschkar ca. 1 Monat bleibt und insgesamt 6 Monate in Indien. Er hat jede Menge Tips, bringt uns ein paar elementare Phrasen in Hindi bei und weiß genau, wie was geht in Indien. Nicht viel älter als wir, scheint er aber schon mit dem Berufsleben abgeschlossen zu haben. Unverkennbar ostdeutscher Dialekt, spricht er nicht sehr viel englisch aber eben dafür mehr Hindi, was ihm hier sicherlich zum Vorteil gereicht. So wohnt er für 200 rs (3€) die Nacht während wir mehr als 4000 rs (60€) zahlen – das ist ein Unterschied von Faktor 20 !!! – und er hat auch eine eigene Toilette, eigenes Bad mit warmem Wasser und hat offensichtlich auch noch mehr Platz. Aber natürlich nicht den Blick und auch kein Heritage Hotel. Wir lernen, daß da noch vieles in Indien geht, was wir noch nicht mal ahnen und daß wir bisher nur an der obersten Kruste der Indienerkenntnis kratzen.

Andererseits, was sollen wir machen? Für uns ist (noch) Zeit wichtiger als Geld. Das bedeutet, daß wir versuchen, aus der wenigen Zeit, die wir in Indien für das Gewinnen der indischen Eindrücke und Lebensgewohnheiten haben, das meiste zu machen. Mehr sehen für sehr viel mehr Geld ist besser als weniger sehen für sehr viel weniger Geld. Aber es ist gut zu hören, daß es auch anders geht.

Nach unserem pre-dinner-drink (Becks alkoholfrei) im Sunset Café und als die Sonne wirklich, wirklich den Himmel nicht mal mehr ansatzweise rot färbt, gehen wir in unser Puschkar Palace Hotel um auf unserer dritten Etage mit einem unglaublichen Blick auf alle Ghats im Rund des Sees ein vegetarisches Dinner einzunehmen. Wäre nicht das Personal irgendwie hochnäsig und übermäßig greedy, wäre das wirklich die perfekte location. Wir genießen es allemal und verschwinden nach einem

Nach-Dinner Spaziergang durch die anliegenden Bazar-Straßen dann in unserem Zimmer mit den engen Wegen und der tollen Aussicht.

Die Nähe zum See beschert uns dann auch die ganze Nacht hindurch die akustische Tuchfühlung zu den Klängen der Gebetsglocken und den Gesängen der Betenden. Gegen 4 Uhr beginnt eine Art von Prozession um den See, die selbst bei tiefstem Schlaf nicht zu überhören ist. Irgendwann schlafe ich dann doch ein und wache erst gegen 7 wieder auf - kurz bevor der Wecker losgeht. Brigitte, die die erste Hälft der Nacht tief geschlafen hat, sagt, daß der Gebetslärm ab 4 auch nicht mehr aufgehört hat.

Der Morgen beleuchtet die andere Seite des Sees. Es gelingen einige Wahnsinnsfotos von der Stimmung, die den See um diese Zeit im Griff hat. Auch jetzt wieder klingt unser Zimmer nach von der einzigartigen Geräuschkulisse: Gebetsformeln aus den Kehlen von einigen tausend Menschen verteilt auf einem Radius von ca 1 km beginnend unter unserem Fenster. So einen Klang habe ich in dieser Räumlichkeit und dieser Intensität noch nie gehört. Ich wünsche, ich könnte das recorden und in irgendeiner Form aufzeichnen.

Das Frühstück im Hotelgarten unter freiem Himmel ist stimmungsvoll, aber von den Speisen her nichts Besonderes. Um 9 Uhr zahlen wir und fahren los. Nachdem wir gestern Abend im Restaurant unsere 100 rs Trinkgeld auf die Rechnung geschrieben haben, aber nicht bereit waren (wg. personalseitiger Arroganz) cash auf den Tisch zu legen – immerhin sind das 1,50€, steht das Restaurantpersonal bei unserer Abreise hinter uns, um sicherzustellen, daß wir a) die 100 rs bei der Abreise auch wirklich zahlen und sie b) diese auch jetzt wirklich cash bekommen. Das ist unser leichtestes Problem und so kommen wir tatsächlich kurz nach 9 Uhr in Gang.

## 02. November 2008, Sonntag, Unterwegs von Chittorgarh nach Ranakpur, Tag 11, im Auto, ca. 10.00

Das erste Mal, daß ich versuche, den Reisebericht im Auto zu schreiben. Es geht, wenn auch sehr holprig. Immer wieder werde ich abgelenkt durch Ereignisse im Straßenverkehr oder Sehenswürdigkeiten am Straßenrand.

Traffic ist immer noch ein Mysterium hier. So wie hier gefahren wird, ist es ein Wunder, daß nicht mehr passiert. Verkehrsregeln scheint es nicht zu geben, Verkehrszeichen gibt es so gut wie nicht. Die Straßen sorgen selbst dafür, daß nicht zu schnell gefahren wird, alles andere regeln die Autofahrer untereinander – irgendwie.

Die generell aggressive Fahrweise hier heißt „pushing" und bedeutet, daß man sich jeden erdenklichen Platzvorteil sofort nimmt, aber ohne ein anderes Fahrzeug zu berühren. Man nimmt dabei jederzeit gerne in Kauf, daß der andere bremsen, ausweichen, halten muss. Wenn auf einer einspurigen Straße ein Auto ein anderes überholt so heißt das ja nicht, daß ein drittes gleichzeitig nicht auch noch das zweite überholen kann. Dann quetschen sich mit wenigen Zentimetern Abstand halt 3 Autos nebeneinander her. Wenn dann plötzlich Gegenverkehr auftaucht, muss halt der mit dem geringsten Mut abbremsen.

Geisterfahrer – gibt es jede Menge, wenn jemand auf den Highway einbiegt und keine Lust hat, sich in die Fahrtrichtung einzuordnen (z.B. weil er in die andere Richtung will und nicht bis zur nächsten Ausfahrt warten will) dann fährt er halt gegen den Verkehr ganz rechts und benutzt ab und zu die Lichthupe um die entgegenkommenden zu warnen. Dies Verhalten wird vor allem von LKW praktiziert, die sparen so am meisten Sprit.

Eine Spezialität unsers Fahrers ist die Abkürzung im Kreisverkehr beim U-turn. Das geht so: wenn man eine Kreisverkehr benutzt um eine 360° Wende zu machen, müsste man eigentlich einmal ganz um den Kreisverkehr herumfahren. Nicht so Lilu. Wenn keine Polizei in Sicht ist, fährt er halt die paar Meter gegen den Strom und kann sofort wieder in die andere Richtung.

Bei aller halsbrecherischen Fahrweise fährt er aber in der Regel relativ sicher und scheint zu wissen was er tun kann und was nicht. Unser größter Konflikt mit ihm im Auto ist die Einstellung der Klimaanlage. Als alter Militär ist er nur an die Fenster-runter-Version derselben gewöhnt und beginnt unweigerlich zu husten als hätte seine letzte Stunde geschlagen, wann immer die Klimaanlage läuft. Da wir aber keine Lust haben, jedes Mal schweißgebadet aus dem Auto zu steigen, stehen wir in dem Konflikt entweder selbst zu leiden oder unserem Fahrer die Klimafolter zuzumuten. Da wir der Meinung sind, daß wir für den Mietwagen mit Fahrer sowieso zu viel bezahlen, haben wir uns entschieden, dafür wenigstens den vollen Komfort auszuschöpfen, den das Auto bietet. Also, Klimaanlage an, und wir entscheiden wie hoch. Natürlich stellt der die dann „heimlich" wieder runter bis wir es merken, und so haben wir jeden Tag ein bisschen Spaß beim Fahren. Na gut, nach heute sind es nur noch 2 Tage, die wir in Rajasthan sind, denn Mittwoch geht es weiter nach Goa.

Gestern also Chittorgarh. Ein überaus beeindruckendes Fort auf einem Bergrücken. Mehrere km lang mit jeder Menge sehenswerten Gebäuden, gut erhalten, aus dem 16. JH wie alles hier. Schöne Tempel, ein paar Paläste und zwei aufs feinste verzierte Türme ca. 4x4 m Grundfläche und ca. 50 m hoch. Wäre schade gewesen, diesen Teil zu verpassen.

Die Geschichte des Chittorgarh Fort ist äußerst dramatisch: es ist im 15-17 JH mehrfach erobert worden. Dabei hat sich dreimal ein unvorstellbares Drama abgespielt: als die Bewohner des Forts erkannt haben, daß sie ihrem Belagerer unterlegen sind, sind die Männer in leuchtenden Kleidern auf den Feind zugestürmt um im Kampf zu sterben während sich im Fort alle Frauen gemeinsam auf dem Scheiterhaufen verbrannt haben. Bei jedem dieser 3 Events haben sich jeweils mehrere 10000 Menschen auf diese Weise geopfert.

Wir wohnen im Bassi Fort Hotel, ebenfalls ein Heritage Hotel. Mit Sicherheit die ruhigste Behausung, die wir bisher hatten. Kein Straßenlärm, keine Diwali-Böller, gute Luft, klarer Blick auf die Sterne. Wir haben ein phantastisches Dinner mit vielen indischen Gängen im Garten (350 rs (5€) pro Person). Es ist nicht zu warm und nicht zu kalt und selbst die Moskitos, die uns at sunset time belästigten, haben sich zurückgezogen.

Zum ersten Mal auf dieser Reise trinken wir eine Flasche Wein zum Essen. Der Junge bringt die Flasche – Rotwein, obwohl wir Weißwein bestellt haben – weil es nämlich keinen Weißwein gibt. O.k. also Rotwein. Die nächste Hürde: das Hotel hat keinen Flaschenöffner. Aber wir. Also kurz zum Zimmer, kleines Kellnerbesteck aus dem Emergency Kit und dann habe ich die Flasche gleich auch lieber selbst aufgemacht. Nichts besonderes aber auch nicht schlecht. Fürstlicher Preis in fürstlicher Umgebung: 1100 rs (17€) für die Flasche.

Bei guten Gesprächen mit anderen Travellern – Austausch von Erfahrungen mit Orten, Hotels, Fahrern, Restaurants, locals, touts etc. verläuft der Abend stilvoll und angenehm. Zu später Stunde, kurz nach 9 Uhr abends, finden wir uns alleine mit dem Besitzer des Anwesens in politischen Diskussionen – wie es so ist in Deutschland, 20 Jahre nach der Wiedervereinigung, wie sich Indien entwickelt, warum es nicht schneller geht und wie sich die Wirtschaftskrise auf die Reiselust der Europäer auswirkt. Unser Host hat das Anwesen nicht gekauft, sondern das Fort gehört seit vielen Generationen seiner Familie, die in der Tat seit dem 16. JH hier lebt. Vor 6 Jahren haben er und seine Frau das Haus dann zum Hotel umgebaut und scheinen gut davon zu leben. Sicher könnte das business besser sein, jeder Hotelier klagt gerne jeden Tag, an dem das Haus nicht ausgebucht ist.

Nach einem kleinen Frühstück heute morgen, geht es um 9 Uhr los. Wieder einer dieser Tage wo wir nicht wissen, wo genau wir abends landen werden. Lilu hat versucht, bei drei Hotels in Ranakpur anzurufen, Eines ist voll, bei einem geht keiner ans Telefon und eines haben wir noch nicht probiert. Das wäre mit 140$ aber auch recht teuer.

Inzwischen sind wir irgendwo zwischen Chittorgarh und Udaipur vermutlich näher an Udaipur.

## 03. November 2008, Montag, Unterwegs von Ranakpur nach Udaipur, Tag 12, im Auto, ca. 9.15

Ranakpur, Maharani Bagh Orchard Retreat, also die Rückzugsresidenz der Frau des Maharadjas. Ein sehr schönes, einsames Hotel mit Zimmern als einzeln stehende Bungalows verteilt in einem riesigen, parkartigen Gelände in der Umgebung von Ranakpur, wo wir für diese Nacht offensichtlich die einzigen Gäste waren. Dementsprechend war es ruhig und sehr naturnah, gefühlt weit ab von der Zivilisation.

Im Nachbarhotel „Hill Ressort" gab es kein einziges freies Zimmer mehr und unser Hotel praktisch leer – erstaunlich. Wir grübeln, warum - vielleicht weil bei unserem Hotel weil die Telefonnummer nicht funktioniert. Jedenfalls freuen wir uns, daß wir unser Hotel nicht mit 3 Bussen voller deutscher Touristen teilen müssen. Einzelreisende und Paare sind extrem gut zu ertragen, meist offen für Gespräche und immer gierig auf Erfahrungsaustausch. Gruppenreisende kleben sich oft bevorzugt an ihre Mitreisenden und wollen vor allem diese beeindrucken. Gruppen haben meist eine Art von Kleiderordnung - z.B. zum Abendessen - die mehr an einen Kurabend in Norderney erinnert als an eine staubige Rajasthan Rundreise.

Übrigens hatte das Hill Ressort zwar keine Zimmer mehr, aber ein Zelt im Garten hätten sie uns gerne verkauft. Angesehen haben wir es uns: ungefähr die Größe eines Zimmers, mit Nasszelle, Reisverschlusstüren, sehr dünnen Leinwänden, keine Klimaanlage aber ein Ventilator und fließendes Wasser – aber letztlich doch nicht so unser Fall.

Trotz unserer Situation als einzige Gäste über Nacht gab es für uns den vollen Service: wir hatten ein Abendessen, set menu mit ca. 8 Gängen und ein continental breakfast. Beim Abendessen hat uns die Menge von Food schier erschlagen. Nach den Vorspeisen schleppten die freundlichen Kellner (das Wort passt für die vielen freundlichen Geister in so einem Haus irgendwie nicht ganz) weitere 10 Töpfe mit Essen heran. Zum Hauptgang gab es 3 non-vegetarian Töpfe (also mit Fleisch oder Fisch) und 2 vegetarian dishes. In diesem Fall waren die vegetarian dishes schärfer als die anderen. cottage cheese in Spinat-Sauce – sehr scharf und eine Art Kohl, ebenfalls „hot". Dazu Reis, Chapati (das hiesige Fladenbrot), eine angeschärfte Kartoffel-Tomaten-Kombination und – strange enough – Pommes Frites, die völlig geschmacklos und weich waren.

Als Dessert gab es dann noch zwei Sorten süße Kugeln, weiß und braun. Die braunen schmecken besser. Die hatten wir auch schon im Bassi Fort.

Wir fühlen uns wie Maharadja und Maharani, werden von zwei bis drei Personen bedient. Wir trinken sogar eine Flasche indischen Weißwein „Riviera", trocken, aber nicht viel Charakter, außerdem zwei Flaschen Bier (die großen 650ml Kingfisher, an die wir uns so gut gewöhnt haben), noch zwei Sodawasser (also Mineralwasser mit Kohlensäure).

Das hiesige Bier verdient noch etwas mehr Aufmerksamkeit: Kingfisher ist unsere Marke – es kommt fast nur in den großen Flaschen und hat den enormen Vorteil, trotz angeblichen 5% Alkoholgehalt kaum Wirkung zu zeigen. Es ist angenehm leicht, vom Geschmack ähnlich amerikanischem lightbeer wie z.B. Coors Light oder Bud Light.

Im Laufe des späten Nachmittages und frühen Abends haben wir zusammen neben der Flasche Wein tatsächlich sieben Flaschen Kingfisher á 2/3 Liter verzehrt ohne uns auch nur leicht angesäuselt zu fühlen oder heute Morgen Kopfschmerzen zu verspüren. Nicht schlecht, oder sollte uns das zu Denken geben?

Jetzt sind wir auf dem Weg nach Udaipur, wo wir eines der besseren Hotels über expedia vorreserviert haben – mal sehen ob das klappt und ob wir von dort endlich mal wieder ins Internet kommen.

Gestern, nach unserer Ankunft in Ranakpur haben wir eine Stunde in der Hauptsehenswürdigkeit der Gegend verbracht: dem Jain-Tempel in Ranakpur, einer der größten und wichtigsten Tempelanlagen dieser Religionsgemeinschaft überhaupt. Neben Schuheausziehen steht diesmal auch Tascheabgeben und Lederentfernen auf dem Eincheckprogramm des Tempels. Eintritt ist frei, aber pro Fotoapparat, incl. Handy müssen 50 rs (0,75€) bezahlt werden.

Der Tempel glänzt vor allem durch seine Größe, ein säulengetragener Kuppelbau grenzt an den nächsten und man kann darin leicht die Orientierung verlieren. Alle Mauern, Säulen, Kuppeln sind außen und innen mit hoher Liebe zum Detail verziert. Verziert heiß hier immer in Stein gemeißelte Ornamentik, wobei die Jains (im Gegensatz zu den Moslems) auch figürliche Abbildungen schätzen. Einige Abbildungen erscheinen irgendwie erotisch, sind aber nicht explizit genug um das wirklich bestätigen zu können.

Irgendwann kommen wir in dem Tempel dann zu unserem ersten gelben Punkt auf der Stirn. Kostet 10 rs (0,15€) und wie so oft hier, bleibt unklar, ob die religiöse Mission oder die Profitgier die treibende Kraft hinter dieser Aktion ist.

Jetzt geht es wieder durch die Berge, schlechte Straßen, viel Schaukelei. Die Asphaltdecke ist kaum breit genug für ein Auto, aber natürlich gibt es jede Menge Gegenverkehr und was nicht Gegenverkehr ist muss überholt werden. Bei der Enge der Straße bedeutet das: einer der beiden Wagen muss mit einem Rad in den Dreck, was viel Staub aufwirbelt und jede Menge unerwartete Schlaglöcher und spitze Steine bedeutet. Bis jetzt ist dabei alles gut gegangen. Unerwartete Gefahr gestern: wegen unklarer Beschilderung sind wir kurzzeitig selbst zum Geisterfahrer geworden. Schon ein komisches Gefühl wenn einen jedes entgegenkommende Fahrzeug anblinkt, anhupt und jedes Mal in kürzester Zeit ausgehandelt werden muss ob man rechts oder links aneinander vorbeifährt.

Zu der Enge der Bergstraßen passt es dann besonders gut, wenn die Fahrzeuge sich die Straße auch noch mit einer gigantischen Herde Schafe teilen müssen. Die Schafsherde nimmt deutlich den größeren Teil der Straßenbreite in Anspruch und wird von den Hirten in weißem Gewand mit purpurrotem Turban mit vielen Schlägen davon abgehalten, zwischen die Autos zu laufen. Wenn uns dann noch einer der oft völlig überladenen Tata-Trucks entgegenkommt, kann es wirklich eng werden. Bei allem Wagemut geht dann nur noch stop-and-go.

Udaipur wird die letzte Station unserer Rajasthan-Rundreise sein. Die erste Hälfte unseres Urlaubs ist vorbei. Ein neuer Zeitabschnitt. Die Goa-Mumbai-Zeit – wie ein weißes Blatt Papier, alles frisch und neu. Nur – wir sind nicht mehr die Indien-Neulinge, als die wir vor 12 Tagen in Delhi angekommen sind. Wir haben viel Lehrgeld bezahlt (zum Glück bisher nur in der Form von Geld und nicht in Form irgendwelcher anderen Verluste, wir sind gesund, topfit und haben auch noch alle unsere Sachen dabei) – und haben für unser Lehrgeld auch viel gelernt. Viele Fälle von „Lehrgeldzahlen als Indien-Neuling" haben wir bemerkt, aber ich bin sicher daß wir oft auch zuviel gezahlt haben ohne es zu entdecken.

Ab Mittwoch dann Goa. Eine neue Zeit, eine neue Welt. Ein zweiter Urlaub im Urlaub. Nach Rajasthan fühlt sich das allerdings auch so an als ob wir das jetzt gut gebrauchen können. Vorsätze schmieden, versuchen das Gelernte umzusetzen, nicht dieselben Fehler wiederholen, und viele, noch mehr neue, aber andere Eindrücke sammeln, das wäre schon super.

## 05. November 2008, Mittwoch, Mumbai Airport, Tag 14, ca. 11.00

Live auf allen Bildschirmen im Mumbai Airport: Obama ist gerade zum neuen Amerikanischen Präsidenten gewählt worden und gibt sein erstes Statement. Die Demokraten haben jetzt die Mehrheit in beiden Häusern. Mal sehen, ob Obama jetzt seine Change Mission Wirklichkeit werden lässt.

Wir sind auf dem Weg von Udaipur nach Goa. Fliegen ist nicht sehr viel anders in Indien, Sicherheitsstandards schon. So intensiv wie heute Morgen im Udaipur Airport ist mein Handgepäckstrolley noch nie gecheckt worden. „Sir, very tight security in India, much tighter than Europe" singt mir der freundliche Officer vor. Keine meiner kleinen Taschen mit Elektronikteilen im Trolley bleibt ungeöffnet. Jedes Stück

Handgepäck bekommt einen eigenen Anhänger der zusammen mit der Boardingcard mehrfach abgestempelt wird.

Fast wären wir mit unserem elektronischen Ticket gar nicht erst in den Airport gekommen. Am Eingang steht nämlich ein Sicherheitsmensch, der auf einem Papier besteht. Unser – auf die Schnelle gestern im Hotel gemachte – Ausdruck des Expedia-Reiseplans wird detailliert geprüft, bis er sowohl unsere Namen als auch die korrekte Flugnummer und das Datum findet, und ihm keine Zweifel mehr bleiben.

Das Essen auf dem einstündigen Flug ist ausgezeichnet, kein Vergleich mit europäischen Billigfliegern. Wir essen vegetarisch und bekommen wie immer wenn wir vegetarisch essen, Dinge, deren Namen wir nicht kennen. Aber es schmeckt scharf gewürzt und gut. Dazu gibt es Kaffee, eine Art Brötchen (allerdings Marke Gummi), eine Schale mit Früchten und eine Flasche Wasser. Weit besser als z.B. ein vergleichbarer Flug mit Airberlin von Düsseldorf nach München.

Der Abschied von Lilu heute Morgen fiel undramatisch aus. Zum Abschied schenken wir ihm die beiden Lufthansa 1st-class Sweater, die wir auf dem Hinflug nach Delhi bekommen haben und von denen wir wissen, daß wir sie sowieso nie anziehen. So kommen sie wenigstens noch zu guter Verwendung.

Gestern Abend schon haben wir Lilu den Rest der ihm zustehenden und verabredeten Bezahlung gegeben. Wir sind jetzt ziemlich sicher, daß wir den Wagen mit Fahrer bei gutem Internet-Research auch hätten deutlich billiger bekommen können, aber dafür hatten wir einen Fahrer, der sich immer um uns gekümmert hat, der zwar „wie der Henker", aber dafür immer noch relativ sicher gefahren ist – natürlich auch jederzeit ohne den anderen Verkehrsteilnehmern auch nur einen Zentimeter zu schenken.


Wir haben immer noch große Schwierigkeiten, viele – auch gebildete – Inder zu verstehen. Es scheint sogar mit der Dauer unserer Zeit hier schlechter zu werden. Indlisch ist wie eine eigene Sprache, die hohe Sprachmelodie, die manche Silben extrem schnell macht und andere verschluckt. Die Pausen zwischen den Worten eines Satzes fallen grundsätzlich der allgemeinen Eile zum Opfer, alles wird aneinandergereiht, zueinereinzigenlangenmelodischenwörterschlange. Dazu kommt eine eigene Grammatik, die versucht, der im Vergleich zum Deutschen schon einfachen englischen Sprache, nach Möglichkeit alle Pronomen und persönlichen Artikel wie „a", „the" zu rauben, und außerdem wenn möglich auf Verben zu verzichten. „Outside cold, inside hot" ist so ein Satz. „Nehmen Sie bitte hier Platz, meine Dame" wird zu „Lady sit". Ich bin sicher, mir fallen später noch mehr solcher Beispiele ein.

Bombay soll ebenso versmogt sein wie Delhi, obwohl es vom Flieger aus nicht ganz so schlimm aussieht, aber wir haben viele Warnungen vor Bombay von Reisenden gehört, daß man an manchen Tagen in der Stadt fast nichts mehr sehen könne.

Zwei Mitreisende schauten sich neulich ganz genau das gereichte Mineralwasser an: „ist das nicht das Wasser, das bei Stiftung Warentest so schlecht abgeschnitten hat?" um gleich danach zu erkennen „aber wenn man überlegt wie viel schlechte Luft wir hier laufend einatmen, und wie viel Schimmel wir im Hotel an den Wänden haben, dann sollten wir uns über die Wasserqualität vielleicht doch nicht so viel Gedanken machen".

Wir putzen uns übrigens vom ersten Tag an mit Leitungswasser die Zähne und haben auch schon in Restaurants das zum Essen gereichte Wasser (wohl Leitungswasser) getrunken – bis jetzt kein Schaden, zumindest keiner der sich von dem dauerhaften Genuss von sehr scharf gewürzten Speisen unterscheiden lässt. Will sagen, nur weil ich jeden Morgen urplötzlich und schlagartig vom Drang zur Toilette überfallen werde, heißt das nicht, daß das Leitungswasser schuld ist.

Wir trinken immer noch mit Vorliebe Kingfischer Bier aus 650ml Flaschen. Ab und zu machen wir wieder mal den Versuch einen Cocktail zu bestellen, aber das war - bis auf eine Ausnahme - immer eine große Enttäuschung. Der Tom Collins gestern Abend z.B. schmeckte wirklich nicht als wäre ein Tropfen Gin drin und auf Nachfrage beim Kellner brachte der dann tatsächlich noch eine fingerhutgroße Nachlieferung, die wir dann auf unsere beiden Gläser aufgeteilt haben. Hat aber auch nicht viel am Geschmack geändert. Das gleiche ist uns leider laufend passiert. Eine Caipiroschka, in der der Zucker nicht gestoßen am Boden liegt sondern die mit Sorgfalt solange gerührt wird bis nicht nur der Zucker sondern auch das Eis vollständig aufgelöst ist, hat natürlich den Kick verloren, den das crunschige Eis in Kombination mit dem Zucker am Boden einer Caipirina oder Caipiroschka eigentlich ausmacht – ganz abgesehen davon daß das ganze dann scheußlich süß schmeckt.

Die positive Cocktail-Ausnahme war eine Bloody Mary, die nicht nur teuflisch scharf war sondern auch fühlbar viel Vodka mitbrachte.

Diet Coke bzw. Cola Light gibt es nur in Ausnahmen, obwohl es oft auf der Speisekarte steht. Wenn kein Diet Coke verfügbar ist, weichen wir dann meistens auf Lemon Soda aus, was immer mehr zu unserem favorite wird.

Zum Thema Coca Cola gehört auch, daß viele Inder das Getränk ablehnen weil sie sagen, da kommt so eine amerikanische Firma nach Indien, nimmt unser eigenes, indisches Wasser aus der Erde und verkauft es uns leicht gewürzt zu gigantisch erhöhten Preisen weiter und zieht auf diese Weise unser Geld aus Indien nach USA. Wenn ich das in einer Diskussion höre antworte ich immer, daß die indischen Softwarefirmen ja auch in die USA gehen, um mit ihren Billigarbeitskräften den ohnehin von der Wirtschaftkrise gequälten Amerikanern ihre Jobs wegzunehmen und daß ohne den Export indischer Services in den Westen der Wirtschaftsaufschwung in Indien nicht denkbar gewesen wäre. Globalisierung hat eben immer zwei Seiten.

Zurück zu den Cocktails und den wenigen Gelegenheiten, überhaupt an einer Art von Nachtleben teilzunehmen: die meisten Bars, die überhaupt diesen Namen verdienen, schließen spätestens um 22.30. Als eine von zwei nightlife places führt der Lonely Planet die Bar in unserm Hotel der letzten zwei Tage. Als wir dort gegen 21.30 vorgestern Abend eintrafen, waren wir die einzigen Gäste weit und breit und so blieb es auch, bis der Barkeeper kurz nach 10 begann seine Abrechnung zu machen und wir schnell einen letzten Drink bestellt haben (den wir übrigens nie auf der Rechnung fanden).

Udaipur, unsere location für die letzten zwei Tage, bietet neben dem City Palace vor allem den malerischen Blick auf den Lake Pichola und das darin scheinbar schwimmende Lake Palace Hotel. Wir wohnen im Shiv Niwas Palace Hotel, das Teil des Stadtpalastes ist, wohl unser bestes Hotel bis jetzt. Ein schönes, großes Zimmer, mit eigener großer Terrasse. Dieser place bietet wirklich das Gefühl, in einem Palast zu wohnen. Exzellenter Service, free internet access, free bottled water, viel Platz, absolute Ruhe (also kein Gehupe und Fahrzeuglärm von der Straße) – das wir so was wirklich noch in einer indischen Stadt finden würden...

Hier genießen wir auch die Ruhe für uns, unternehmen relativ wenig an dem Tag, bevor wir nach Goa fliegen. Ein paar Stadtbummel – die vielen Touts und das dauernde Angesprochenwerden können uns nicht mehr aus der Ruhe bringen. Wir besuchen morgens den sehr schönen Jagad Tempel gleich neben dem City Palace nachdem wir direkt gegenüber, im Baba-Hotel auf einer der vielen Dachterrassen in Udaipur ein ausgiebiges Frühstück genossen haben. Wir besuchen ein paar book shops, finden ein Restaurant in dem wir fürs Abendessen reservieren und kaufen zwei Stofftaschen mit Hindi Aufschrift. Ein Kaffee im Café neben dem Palast, dann quälen wir uns durch das City Palace Museum, eine der wenigen Aktivitäten, die wirklich verzichtbar sind. Endlose Schlangen am Eingang gefolgt von einem langen Gedrängel durch den Palast, der wegen des Besucheransturms so organisiert ist, daß man wie durch einen Irrgarten von einem Raum in den nächsten gequetscht wird. Keine Chance, zwischendurch auszubrechen, abzubrechen oder nur rauszukommen. Man treibt einfach mit den Menschenmassen durch den vorgegebenen Weg. Viele Franzosen, einige Niederländer, ja auch etliche Deutsche, aber natürlich weit mehr Inder als ausländische Touristen.

Im Jagad-Tempel lernen wir auch den neuesten scam kennen. Ein durchaus sympathischer Inder spricht uns im Tempel an und erzählt von einer Ausstellung indischer Miniaturmalereien, die demnächst in Deutschland stattfinde. Wir sagen, wie toll wir das finden und wünschen ihm viel Glück dabei. Das reicht ihm aber nicht. Er will uns unbedingt seine Bilder zeigen, nur ein paar Straßen von hier sei die lokale exhibion. „only look, no buy". Nun ja, den Spruch haben wir schon ein paar Mal gehört und reagieren natürlich entsprechend. Er macht auf beleidigt aber das stört uns nicht weiter.

Zwischendurch – als wir im City Palace sind - wird mit viel Trillerpfeifenlärm von den Sicherheitsleuten ein Pfad durch die Menge gebildet. „The Queen is coming". Gemeint ist die Maharana von Udaipur, die tatsächlich noch selbst in dem Palast lebt und wohl viel Anerkennung in der Bevölkerung hat. Die Menge weicht zurück, eine Weile passiert gar nichts, dann schleicht ein ältlicher, weißer Mercedes mit einer einzelnen älteren Dame auf dem Rücksitz über das Kopfsteinpflaster aus den nicht öffentlich zugänglichen Palastbereichen durch den Innenhof zum großen, hölzernen Haupttor.

Nach dem wenig begeisternden Palastrundgang fahren wir mit Lilu noch zu einem Platz in Udaipur wo 250 Zenotaphe stehen, Erinnerungstempelchen, einige größer, andere kleiner für die Mitglieder einer der großen Familien in der Geschichte der Stadt. Leider darf man auf dem Gelände keine Fotos machen. Außerdem muss man in den Tempeln barfuss laufen („take off shoes and socks").

Anschließend geht es nach Shilpgram, einem künstlich angelegten Handwerkerdorf, in dem die verschiedenen Stämme in Rajasthan mit ihren Kulturen, historischen Haustypen, ihrer Musik und ihren Tänzen und natürlich dem dort ansässigen Kunsthandwerk vorgestellt werden. Das Kunsthandwerk ist natürlich wieder die übliche „hello sir", „which country come from", „sir, look, nice stone", „only look, no buy" – Anmache. Aber wir finden tatsächlich einen Künstler unter den vielen Ställen, in denen auch nur dieselben Artikel verkauft werden wie in jedem anderen Bazar in Rajasthan. Bei diesem Künstler kaufen wir nach langen Verhandlungen eine aus schönem, schwarzem Stein gefertigte Ganeshafigur für 150 rs. Ich wollte schon wieder gehen, weil ich nur 100 rs zahlen wollte, aber Brigitte hat mich dann überzeugt, daß wir die schöne Figur auch für 2,20€ kaufen können.

## 07. November 2008, Freitag, Fort Aguada, Goa, Hotelterrasse, Tag 16, ca. 8.30

Ich sitze auf der großen Terrasse unseres Zimmers im Fort Aguada Beach Ressort, einem Hotel der Taj-Gruppe. Von der Terrasse führen drei Treppenstufen zu einem kleinen Weg unterhalb dessen direkt Meer und Strand beginnen. Das Meer rauscht laut, auch nachts. Herrlich! Bei der Geräuschkulisse schlafe ich immer gut.

Es ist früh am Morgen, die Sonne scheint seitlich auf die Bucht von Nord-Goa. Wir blicken vom Zimmer aus über die gesamte Sichel, hoch nach Calangute, vielleicht sogar noch bis Baga.

Goa ist eine vollständig andere Welt. Die Menschen sehen anders aus, portugiesischer, schwärzer, europäischer in ihren Gesichtszügen. Das portugiesische Erbe in der Geschichte dieses Teils des Subkontinents ist immer noch dominant. Es gibt viele blaue Kacheln und gebrannte Steine. Die Hotels heißen „Casa de Goa" oder „Dos Deis".

Auch die Vegetation ist anders. Eine lange Allee von Kokospalmen – alle leicht und typisch schief – säumt das Kliff unterhalb dessen der rötliche Strand das Arabische Meer begrenzt. Die Intensität des Grüns hier ist erschlagend, überall wächst es, an vielen Stellen blüht es. Es ist feucht. Und im Laufe des Tages wird es von Stunde zu Stunde feuchter bis man sich am späten Nachmittag wie in einer Sauna fühlt. Es wird 34°, auch mal 36-38° C. nachts fällt die Temperatur so bis auf 24°.

Jetzt, vor 9 Uhr, ist es auf der Terrasse äußerst angenehm: im Schatten der hohen Palmen, noch nicht zu heiß und noch nicht zu feucht, das Meer rauscht, unten gönnen sich die ersten Touristen ein Bad in den

Wellen und ich schlürfe langsam den ersten Kaffee, den wir auf dem Zimmer selbst brühen können.

Da hier abends nicht viel los ist, gehen wir früh ins Bett, meist zwischen 10 und 11 Uhr und haben dann keine Probleme zwischen 7 und 8 Uhr wieder aufzustehen.

Heute lassen wir uns besonders viel Zeit, denn wir wechseln das Hotel und wollen die Stunden in unserem Luxusbunker noch so lange genießen wie möglich. Das Taj Fort Aguada Beach Ressort ist ein 5-Sterne „plus" Hotel, wir reden uns ein, es muss das beste in ganz Goa sein. Aber es ist sicher eines der ganz wenigen Top-Hotels hier, die am Meer liegen. Wahrscheinlich eine – sinnvolle – Einschränkung der Regierung, daß nicht die ganze Goa-Küste wie in anderen Teilen der Welt mit Hotels zugekleistert wird.

Das Hotel ist in der Tat noch mal ein ganzer Schritt besser als alles was wir bisher auf der Reise schon hatten – und das war wirklich nicht schlecht. Dieser Blick vom Zimmer und von der Terrasse über das kreisförmige Aguada Fort im Wasser und dann weiter über den langen Strand mit den hohen Reihen von Kokospalmen, dahinter dann der dichte Dschungel. Einer der Momente, die man nicht genug zu würdigen weiß und eine location, der das Wort „Traumstrand" fast nicht gerecht wird.

Gestern Abend im Fischrestaurant des Hotels zum zweiten Mal gegessen: wahrlich eine Offenbarung. Zum ersten Mal seit wir in Indien sind essen wir frisches seafood: king prawns, tiger prawns und gestern abends sogar einen lobster (meine Biologiekenntnisse sagen mir zwar daß das eine große Languste war, aber da wollen wir ja nicht überkritisch sein, Languste mag ich ohnehin noch lieber). Die Kombination von frischem Meeresgetier mit der indischen Art zu würzen, ausgeführt von einer exzellenten Küche und top-end Service-Personal war sicher der kulinarische Höhepunkt unserer Reise bisher. Normalerweise essen wir nie in Hotelrestaurants und normalerweise auch nicht zwei Tage hintereinander im selben Restaurant, aber diese Küche, die location und der Service waren es 100%ig wert mit unseren Gewohnheiten zu brechen.

Zum Restaurant gehört auch noch eine sehr gute Bar, so daß man vor dem Dinner erst mal Cocktails probieren oder dem guten Kingfischer zusprechen kann. Übrigens war hier endlich auch die Qualität der Cocktails top. Wir probieren Mojitos, Caipirinas, Americano – alles genau richtig. Nachdem ich sehe, wie viel Tabasco in der hiesigen Bloody Mary landet, verzichte ich darauf, die hier zu testen – auch im Hinblick auf die anderen würzigen Gerichte, von denen ich noch etwas schmecken möchte.

Wir treffen interessante Leute: ein Paar, das in Singapur lebt und hier seine Ferien beginnt, weitgereist, welterfahren – sein Job hat ihn über Ecuador und andere Südamerika-Plätze nach Singapur verschlagen. Wir lernen, daß man von Goa aus Kreuzfahrten mit Segelschiffen beginnen kann. Es ist immer wieder spannend und bereichernd, sich mit gebildeten Menschen auszutauschen.

Später treffen wir noch die vier lustigen, jungen Norweger wieder, mit denen wir gestern an der Bar Erfahrungen ausgetauscht haben. Zwei Pärchen, heute deutlich sonnenverbrannt, die für die Hochzeit eines Freundes von Oslo nach Indien geflogen sind und sich jetzt noch ein paar Tage in Goa erholen.

Eigentlich sollte ja in diesem Teil von Goa richtiges Nachtleben sein. Die Reiseführer sind voll von Warnungen vor Techno-Parties, Disco-Lärm etc, aber bis zu unserer weggeschlossen Luxusbehausung schallt nichts und wir sehen auch keine anderen Gäste, die wir uns als Raver vorstellen können.

Heute geht es also weiter. Vielleicht näher ran an das richtige Leben von Goa. Unser neues Hotel ist das Casa de Goa mitten in Calangute, einem der Hauptorte von Goa, wo „am meisten was los" sein soll. Das wollen wir dann doch mal sehen.

## 07. November 2008, Freitag, Calangute, Goa, Hotelterrasse, Tag 16, ca. 18.00

Umzug nach Calangute, Casa de Goa. Trip nach Old Goa – sehr schön, Trip nach Panjim – weniger attraktiv, und ein erstes Bier am Strand von Calangute. Das war unser Tag heute.

Viel los, nicht viel los. Ich weiß nicht. Denn einerseits war dies einer der ruhigeren Tage aber andererseits haben wir doch viel gesehen und gemacht.

Das Highlight des Tages war ohne Zweifel Old Goa, und das ist auch schon fast alles, was aus der portugiesischen Prachtzeit hier noch übrig ist. Unglaublich, daß Goa mal größer war als Lissabon oder London. Heute ist Old Goa wie ein Disneyland: ein deutlich abgegrenztes Areal – nur für Fußgänger zugänglich (auch die Touts müssen draußen bleiben) – mit großen Rasenflächen, mit 5-7 Kirchen und einem Museum.

Die Kirchen sind ausgesprochen eindrucksvoll. Oder ist das nur der Abstand, den wir emotional schon zum Abendland gewonnen haben nachdem wir zwei Wochen lang nur Jainstempel, Moscheen und Hindutempel gesehen und besucht haben.

Die Kathedrale Sé, die Kirche des Heiligen St. Franziskus von Assisi, die St. Cajetan Kirche, die so ähnlich aussieht wie St. Peter in Rom und schließlich die Bom Jesus Basilika. Sehr gut gepflegt, in vielen Bereichen gut erhalten (nur von St. Franz ist einer der beiden Kirchtürme mal vom Blitz getroffen und vernichtet worden). Auch innen sehr sehenswert.

Die Besucher des Areals sind zu mehr als 95% Inder, wieder mal verkehrte Welt. Gewohnt an den Anblick von einer Mehrheit von Europäern die in der dritten Welt sakrale Relikte der Eingeborenen besichtigen, gibt es hier eine Mehrheit der „Eingeborenen" die die Relikte von Europäern – hier die von ihren früheren Kolonialherren dieses Landstrichs – betrachten – und das übrigens durchaus mit Respekt. Respekt, der auch mal zu weit gehen kann – siehe nächster Absatz...

Die Kuriosität des Tages: vor der Bom Jesus Basilika lagern hunderte von Schuh-Paaren, weil die Inder – ihrer Gewohnheit beim Betreten von Tempeln folgend – ihre Schuhe ausziehen. Und dem Herdendrang folgend, legen dann auch die wenigen Neu-Weltler, die es bis hier hin schaffen, ihre Schuhe ab. Als ich einen amerikanischen Touristen darauf anspreche, daß man in christlichen Kirchen die Schuhe anbehalten darf – entgegnet er mir „we're here with Indian friends and we don't want to be disrespectful to them" und dann nach einigem Nachdenken „it would really confuse the hell out of them".

Von Velha Goa (dem portugiesischen Namen von Old Goa) geht es nach Panaji (oder Panjim) der heutigen Hauptstadt von Goa.

Nach der Fülle der Eindrücke in Old Goa ist Panjim ist leider eine Enttäuschung. Eine ganz normale indische Stadt mit aller Hektik, viel Verkehr, keiner Chance zum Schlendern, unmöglichen Straßenüberquerungen aber nichtsdestoweniger Gegenden mit der unvermeidbaren Daueransprache von der Seite.

Einziges Highlight ist die Kirche der Madonna zur unbefleckten Empfängnis (oder ähnlich), ein nettes, sehr weißes Kirchlein auf einem Berg auf den endlose Stufen hinaufführen. Da wir gelesen haben, daß das Innere der Kirche verzichtbar ist, belassen wir es bei dem äußeren Eindruck und suchen nach dem Stadtpark den wir letztlich – rein zufällig – auch noch finden.

Die Einkaufsstraßen hier sind städtischer als in den Strandorten. Zum Lunch kehren wir ein im „Cher-E-Punjab". Wir sind die einzigen Nicht-Inder, werden aber ganz normal und freundlich bedient, zahlen zum Schluss die 6€ die alles zusammen gekostet hat und setzen unsere Stadtbesichtigung fort.

Mangels irgendwelcher Straßenschilder (wie übrigens in ganz Indien) fällt es uns schwer, den 90-minütigen walking path aus dem Reiseführer zu finden und die einzige Straße, die so aussieht wie der Einstieg in den Pfad, geht nicht nur steil bergauf sondern sieht auch noch so aus als wäre sie nicht für Fußgänger gedacht. Unsere Lebensversicherung würde wohl einen Zuschlag für Risiko-Sportarten verlangen, wenn sie wüsste dass wir mit dem Gedanken spielen, diese Straße wirklich hochzulaufen. Also besser nicht, besser faul und sicher. Wir suchen unseren Taxifahrer und fahren zurück nach Calangute.

Natürlich ist unser neues Zimmer hier in Calangute (für 3500 rs) deutlich einfacher als das knapp 200€ (~13.000 rs) teure Appartement mit Terrasse für die letzten zwei Tage. Andererseits ist der Unterschied mit Faktor vier sicher zu groß. Also mal wieder zwei Tage mit kleinen Handtüchern, ohne Fön und ohne Internet Access.

Es scheint mir, als käme ich vielleicht doch langsam zur Ruhe – vielleicht wirklich mal ein paar Tage nichts tun? Außer zum Strand gehen, im Schatten sitzen, Mittagessen gehen, kleinen Mittags-nap danach, dann wieder im Schatten sitzen und vor dem Dinner ein paar kleine Drinks – müsste doch eigentlich gehen. Aber dann kommen die Ideen, was man unternehmen könnte oder was wir vorbereiten müssten für den nächsten stay, die nächsten Hotels, die gebucht werden müssen etc etc., der typische Urlaubsrhythmus zwischen Ruhephasen und Aktivitätsphasen. Aber der Erlebnisanteil war selten bei einem Urlaub so hoch wie hier.

Die Vodafone-Story ist wohl doch noch nicht zu Ende. Ich hatte schon über das Barring und die Reaktivierung geschrieben. Das ist dann in der Tat noch einmal geschehen, weil die Qualität des Visum-Fotos mit dem Blackberry Vodafone nicht gereicht hat. Und da ich da auch gerade in den Bergen von Rajasthan ein paar Tage außer Internetreichweite war, konnte ich auch die high-quality-Fotoversion vom PC aus nicht verschicken. Daraufhin hat mir Vodafone dann vollständig den Service entzogen: „Barring", „Call Rejected" als Antwort auf jeden Versuch zu telefonieren. Bis wir schließlich in Udaipur wieder am Internet waren. Zwischendurch tägliche Telefonate mit dem Verkäufer vom deutschen Handy aus. Dann erfuhr ich, daß Vodafone zwar jetzt alle Dokumente vorlägen, daß die Reaktivierung aber 72h (zu deutsch 3 Tage) dauern würde. Man würde sich aber beeilen. Und siehe da, nach ein paar Tagen hatte ich ein SMS „your service has been reactivated" und ich konnte wieder telefonieren. Bis heute jedenfalls. Heute erhielt ich einen Anruf von jemand der sagte er sei Vodafone und es seinen noch nicht alle „requirements" erfüllt. Den Rest habe ich nicht verstanden, weil ich gerade im Taxi saß und der „Vodafone-Mann" sich anhörte als führe er in der Mitte von Delhi Motorrad – mehr Gehupe als Sprache kam bei mir an. Außerdem schien er des Englischen nicht wirklich mächtig. Ich habe ihn dann später noch mal zurückgerufen und ihm gesagt, ich sei jetzt „in a more quiet environment". Er war jedoch nicht in einem solchen, daher kaum zu verstehen „ten minutes call" war das einzige, was ich verstanden habe. Er hat jedoch dann nicht mehr angerufen, ich auch nicht. Erst mal sehen was passiert. Irgendwie glaube ich nicht, daß der Typ echt war, mein Bauchgefühl sagt, daß er mir irgendwelche Zusatzleistungen verkaufen will, die ich sowieso nicht brauche.

Leben lässt es sich in Goa jedenfalls ausgezeichnet. Gestern hatten wir lunch im „Flambé" in Candolim, einem „multi cultural cuisine" Restaurant. Viele französische Gerichte auf der Karte. Wir beginnen beide mit einem Krabbencocktail, danach hat Brigitte ein Chicken Tikka und ich einen Poisson Limusine. Wir trinken dazu Bier und haben noch ein cheese-garlic nan bread. Das ganze kostet unter 10€. Unglaublich.

Heute essen wir – s.o. - mitten in Panjim beide indische Gerichte mit 3 Roti und Reis, trinken zwei Lemon Soda, ein großes Mineralwasser und zahlen nur 6€ für alles zusammen. Das war ja noch billiger. Nicht daß billiges Essen unser oberstes Ziel ist, aber es gehört zur Vollständigkeit des Berichtes hinzu, daß es möglich ist, in Indien für sehr wenig Geld sehr gut zu leben.

## 08. November 2008, Samstag, Calangute, Goa, Hotelterrasse, Tag 17, ca. 15.00

Zurück von unserem heutigen Tagesausflug durch die Strände und Orte von Nord-Goa. Calangute, Baga und Anjuna. Auf der Suche nach dem ultimativen hideaway, das wir dann aber doch nicht gefunden haben.

„The travel guide authors must have lived in some sort of time-warp"
sagt uns der 40-jährige Dauer-Goa-traveller, den wir auf den Cliffs von
Anjuna treffen, heute gibt es die Techno und Musikszene wohl in dieser
Form gar nicht mehr. Auflagen der Behörden verbieten laute Musik nach
22 Uhr. Das Ende eines weiteren (Pseudo-)- Paradieses.

Phantastische Strände, schöne Aussichten, volle Straßen. Je weiter man
nach Norden kommt, in Goa, desto einsamer wird es, desto mehr wird
es zum Backpackers-only-Gebiet. Die Reisenden, die hier sind, leben
quasi dauerhaft hier. D.h. sie bleiben 2 Monate, 6 Monate oder ähnlich
und zahlen wie der nette Schwede um die 100 rs (1,50€) pro Nacht (und
nicht wie wir 3500 rs). Als er hört, daß wir ein eigenes Bad und Terrasse,
TV und A/C haben sagt er, „da müsst ihr aber um die 600 rs zahlen,
oder sogar noch mehr". Sind wir wirklich so weit weg von den basics?

Viel zu erzählen von dieser Gegend gibt es nicht, die Orte ähneln sich,
Anjuna ist ruhiger als Baga und Baga ist ruhiger als Calangute, jedenfalls
bei Tag. Ob hier wirklich das night life tobt, werden wir vielleicht heute
Abend sehen. Wie schon früher „kaufen" wir uns einen Taxifahrer für
den Weg. Diesmal machen wir den besten deal bisher: 100 rs pro Stunde
bei nicht mehr als 10km pro Stunden im Schnitt. Wir starten gegen 10
Uhr und kommen kurz vor 3 Uhr am Nachmittag zurück, 500 rs, alles
o.k. Das müsste man mal bei uns versuchen, einen Taxifahrer für 1,50€
die Stunde, der immer schön wartet wenn man was ansehen will und
dann geht's weiter.

Natürlich versuchen die Gangster zwischendurch diverse commission-
deals zu verkaufen. Ganz oben auf der Liste steht eine Spice Plantation –
also eine Kräuteranpflanzung oder Gewürzfarm. Ich weiß zwar nicht,
was daran spannend sein soll, aber noch jeder Taxifahrer hat davon
geschwärmt. Die müssen gigantische Provisionen zahlen. Dann gibt es
noch irgendwelche Crocodile Dundee Events. Das ist aber auch nicht
unser Fall.

Einer der Stopps auf dem Weg ist unser Lunch im Lila Café, einem von
deutschen Goa-Residenten geführten Restaurant in Baga. Wir essen

Brötchen mit Leberpastete und Käse/Schinken und als Dessert ein kl. Stück Schokoladenkuchen, dazu echte Espressos.

In Baga und Calangute sehen wir uns noch diverse Hotels an, aber finden so recht nichts was uns besser als unsere Casa de Goa erscheint. Baga erscheint uns vom Stadtleben her (wenn man das so nennen kann) attraktiver als Calangute, aber allen Orten gemeinsam ist das Problem der fehlenden Flaniermöglichkeit. Mal eben in Ruhe ein paar hundert Meter Schaufenster- und Restaurants-gucken ist nicht. Es gibt keine Gehwege (von „Bürgersteigen" will ich gar nicht sprechen). Wo der für ein Auto schon zu knappe Asphalt endet, ist bestenfalls noch etwas Sand oder Gras, den die Fahrzeuge aber ebenfalls zum Überholen oder Entgegenkommen benötigen und beanspruchen. Von am Rand wild geparkten Motorrädern und LKWs ganz zu schweigen. Tagsüber ist das i.W. umständlich, nachts aber auch nicht ganz ungefährlich.

Wenn man es dann schafft, von den Autos einigermaßen ungefährdet zu „schlendern", schallt einem alle zwei Meter das Goanesische Morgengebet „good morning sir", „how are you", „where are you from" entgegen. Jegliche Antwort führt nur zu einer „Vertiefung" und Fortsetzung des Dialoges, meist in der Form „what's your name", „come see my shop", „only look, no buy" nur mit einem einzigen Ziel, schließlich irgendetwas zu verkaufen. Wir haben keine Zeit für Zeitdiebe, versuchen aber meist freundlich zu bleiben. Nur manchmal rutscht mir dann doch die eine oder andere etwas heftigere Bemerkung heraus, vor allem wenn die Typen sich in den Weg stellen oder uns anfassen.

Gestern Abend checken wir die calangutinische night life Szene: d.h. wir (spießruten-)laufen zu fuß bis zum roundabout, ca 500m, dort finden wir den Red Lion für zwei Kingfischers. Von dort dann per TuckTuck für 50 rs (0,75€) zu einem Restaurant, von dem wir nur die Leuchtschrift „Tequila" erinnern (was nicht an der Menge der Getränke liegt). Wir versuchen erst mal zwei Bloody Mary (schon wieder alkoholfrei und diesmal auch ohne Tabasco...) und essen dann dort recht gut zu Abend: exzellente Tiger Prawns, ein gutes Chicken Tikka Masala (was ich von jetzt nur noch CTM abkürzen werde, weil Brigitte es ohnehin jeden Tag isst), vorher zwei Masala Papads, eine Art indische Bruschetta, nur daß die Tomaten-Zwiebel-Paste auf dünnem, knackigen, scharfen Papadom-Brot kommt und selbst äußerst scharf ist – super Entdeckung. Dazu noch cheese-padoks (kleine Teigtaschen mit scharfem Käse gefüllt). Dazu trinken wir eine Flasche trockenen, recht akzeptablen Weißwein für 300rs (immerhin 4.50€) der zwar warm ist, aber die freundlichen waiter bringen gerne auf Aufforderung etwas zur Kühlung. Wir werfen weitere Eisklümpchen in den Wein. Zu viele Essmanieren-Bendenken wären in dieser Gegend wirklich fehl am Platz. Wenn einem ohnehin von der Luftfeuchtigkeit das Wasser den Rücken herunterläuft, kann man nicht auch noch warmen Wein trinken, egal ob Eisklümpchen im Wein nun o.k. sind oder nicht. Ach ja, und Angst vor Keimen aus Eiswürfeln in Weinkühlern haben wir nach 17 Tagen in Indien jetzt auch nicht mehr.

Gesundheitlich bedenklicher sind da schon eher die Insektenstiche, die sich untypisch entwickeln. Bei Brigitte haben die schon mal die Tendenz, großflächig zu werden, und ich habe eine Stelle am Bein, die permanent juckt ohne daß ich einen Einstich oder Biss erkennen könnte.

Nach dem Dinner, gehen wir ein paar Meter weiter zu „Molly Malone" einer Art irischer Bar der besseren Art, wie wir sie von Teneriffa kennen. Mit live music und Plätzen an der Bar nehmen wir noch ein paar Kingfischer und das war's dann für den Tag.

### 10. November 2008, Montag, Calangute, Goa, Hotelterrasse, Tag 19, ca. 9.30

Ruhige Tage im Land der ewigen Sonne. Nach der deutlich hektischeren Phase unserer Rajasthan-Rundreise und erst recht während der ersten alles-noch-ganz-neu Tage in Delhi ist es jetzt viel ruhiger geworden. Wir machen Urlaub im Urlaub.

Wenn ich über die jetzt fast drei Wochen Reisezeit zurückblicke, kann ich mich nicht erinnern, irgendwann eine Wolke gesehen zu haben. In Delhi war es zwar völlig versmogt, aber wolkenlos sonnig war es absolut jeden Tag. Die Temperaturen hier in Goa gehen tagsüber bis 35°C hoch, nachts dann wieder bis fast 20°C runter so daß es am späten Abend und am frühen Morgen immer angenehm frisch ist. Gegen Nachmittag wird es aber immer auch extrem feucht i.S.v. hoher Luftfeuchtigkeit.

Die besten Momente sind wohl die, wenn wir abends am Strand sitzen. In der ersten Reihe der Musikbars von Baga. 50 Meter vom Meer entfernt. Eine leichte Brise hat die Hitze des Tages abgelöst. Wir schauen auf die Brandung. Zurückgelehnt in den niedrigen, bequem gepolsterten Rattansesseln. Die Füße im Sand. Vor uns ein niedriger Tisch mit einer Kerze und zwei Bier. Das Leben kann nicht viel schöner sein.

Techno-Musik schallt von hinten, oft laut (aber immer noch erträglich), meist gute Qualität und auch die Auswahl der Tracks ist top, meist so Cafe-del-Mar-Stil.

Dies ist die erste Art von „Nachtleben" in Indien, die fast diesen Namen verdient. Fast, weil offensichtlich die Vorschriften dafür sorgen, daß die Musik aus praktisch allen Bars gegen 8 abends auf ein Minimum zurückgedreht wird. Einzige Ausnahme: das "Zanzibar". Wir spekulieren ob es wohl einem Verwandten des Polizeichefs gehört.

Aber dann ist ja auch langsam Zeit zum Dinner zu gehen. Gestern „schlendern" wir dazu die Titos Road vom Strand in Richtung Hauptstraße. Schlendern will hier gelernt sein, denn natürlich wird man alle 30 Sekunden von einem Motorrad oder Auto angehupt (was man natürlich - wie alle hier – ignoriert) denn natürlich ist die Straße viel zu eng (schon für ein Auto), wird aber trotzdem in beide Richtungen befahren. Tito's Road heißt so, weil am Ende des Weges die Tito's Disco steht, eine Institution in Baga und in ganz Nord-Goa.

Am Ende der Tito's Road beginnt dann der ca. 100m breite Strand von dem die hinteren 50m mit Musikbars belegt sind. Dies sind großzügige Holzbauten, meist mit Palmenzweigen gedeckt, die auf einer Art erhobener Bühne die Tische zum Essen und die Theke präsentieren während davor in zahlreichen Reihen Tische und Stühle im Sand platziert sind. Tagsüber zum Sonnen und abends zum Chillen. Die

Musikauswahl reicht von Trance über House bis Techno, ist aber wirklich gut hörbar. Irgendwo gibt es auch noch eine Bar namens „on the rocks", die Rythm&Blues spielt – leider keinen Classic Rock – aber irgendwie passt die baßlastige synthy-Musik hier so haargenau hin, daß man keinen Pop oder Rock dazwischen braucht.

Die Bars unterscheiden sich kaum. Das Bier kostet 70-80rs. Snacks bestellt man von der Speisekarte – meist auch unter 100rs (1,50 EUR). Dringende Empfehlungen: cheese pakora (Teigtaschen mit Käse gefüllt), peanuts masala (Erdnüsse als Salat mit Tomaten und Zwiebeln scharf gemischt). Die waiter sind fast zu gesprächig („where do you come from", „how long do you stay"...), aber nutzen die Gesprächsansätze wenigstens nicht, um einem irgendwas aufzuschwatzen sondern sind einfach nur nett und wollen ihren Horizont erweitern.

Gestern landen wir zum Dinner im Fiesta, einem gepflegten, italienischen Restaurant gegenüber vom Tito's. So ungefähr das oberste Segment, das wir bisher in Goa gesehen haben. Wir speisen bei Kerzenlicht unter Palmen im Garten. Olivenöl, Penne und Parmesankäse sind wirklich echt und das Carpaccio sieht aus und schmeckt wie zuhause. Ich esse – trotz Italiener – tiger prawns, es kommen drei gigantische Krabben (da habe ich schon kleinere Hummer gegessen), mit Kopf sind die alle länger als 25cm. Dazu gibt es 6 verschiedene Saucen. Sehr nett angerichtet. Und überaus sättigend.

Nach dem Dinner: Taxi nach Calangute für 100rs wie immer. Heute ist Karaoke im Molly Malone. Es wird eine rauschende Party. Ich singe noch ein paar songs und brauche noch ein paar Kingfischers um die Kehle zu kühlen. Wir treffen ein nettes englisches Paar aus Yorkshire und unterhalten uns lange.

Das ist das erste Mal das wir deutlich nach Mitternacht ins Hotel zurückkommen. Das gusseiserne Tor ist schon verschlossen, aber sofort stürzt ein Molto herbei, öffnet freundlich.

Diese Tage fühlen sich wirklich wie Urlaub an…

Und jetzt kommen mir noch ein paar Dinge in den Sinn, über die ich immer schon schreiben wollte, aber noch nicht dazu gekommen bin: erstens, die heiligen Kühe in Indien. Hier in Goa sieht man sie nicht so oft, aber in Rajasthan liegen und stehen sie halt überall. Mal quer über einer kleinen Fußgängerbrücke so daß kaum Platz bleibt drüberzusteigen. Mal auf der Autobahn. Im Stadtverkehr scheinen sie roundabouts zu bevorzugen, da ist oft in der Mitte etwas Grün angepflanzt, da können sie so schön dranrumknabbern.

Also, ja es gibt sie also wirklich, die heiligen Kühe. Daß die Inder ihnen mit besonders viel Respekt begegnen können wir aber nicht bestätigen. Wie alles andere im Verkehr werden sie angehupt und ignorieren das. Einige (Kühe) haben gelernt, den Kopf zur Seite zu drehen, um Autos Platz zu machen – und in einer Welt, in der immer auf Zentimeterabstand gefahren wird, macht eine Kuhkopfdrehung schon viel Platz aus.

Ansonsten werden sie einfach in Ruhe gelassen, man fährt um sie herum, weicht ihnen aus, so um 2 cm. Keiner schlägt, tritt oder vertreibt sie. Die Kühe sind einfach da. Gleichermaßen lassen die Kühe aber auch die Menschen in Ruhe. Wir haben die ganze Zeit über nicht eine einzige aggressive Aktion einer Kuh gegen Menschen gesehen – und das obwohl alles im Zentimeterabstand an ihnen vorbeiläuft.

Übrigens sind es nicht nur Kühe sondern Rinder beider Geschlechter – der Begriff Stier würde aber die falschen Assoziationen wecken. Daß diese müden, phlegmatischen männlichen Rinder im indischen traffic dieselbe Sorte Tier sein soll, die im spanischen Stierkampf alles, was ihnen in den Weg kommt, auf die Hörner nimmt, ist absolut nicht vorstellbar. Auch das Machismo-Symbol des schwarzen, kräftigen Stiers scheint hier völlig absurd. Wenn z.B. ein indisches alkoholisches Getränk mit einem indischen Rind werben würde, wäre das nicht nur aus religiösen sondern einfach aus praktischen Gründen nicht erfolgsträchtig.

Nachlese-Thema zwei: Filme: in Udaipur läuft in einigen Restaurants immer noch ununterbrochen ein Video mit dem James Bond Film

„Octopussy", der in großen Teilen in Udaipur gedreht wurde. Und zwar im Lake Palace Hotel und im Shiv Niwas Hotel (unserer unbescheidenen Behausung für zwei Tage). Fester Vorsatz: nach dem Urlaub CD besorgen oder im Internet runterladen und schauen was wir wiedererkennen. Der andere Film ist der zweite Borne (Identity) Movie. Der beginnt nämlich in Goa – mit rasanten Straßenszenen. In einem Wahnsinns-Stunt stürzt dabei ein Auto (mit Bornes Freundin – gespielt von Franka Potente) von einer Brücke. Und natürlich schauen wir jetzt bei jeder Brücke in Goa, ob das die besagte Brücke sein kann.

## 11. November 2008, Dienstag, Calangute, Goa, Hotelterrasse, Tag 20, ca. 9.30

Wehmut beim Abschied von Goa. Dieser Landstrich Indiens ist uns mit jedem Tag mehr ans Herz gewachsen. Auch die Ähnlichkeit unseres Lebens hier mit wirklichem Urlaub (faul sein, rumhängen, am Strand sitzen, Sonne abbekommen, ohne Ziel durch den Ort laufen) trägt zu diesem Gefühl bei.

Gestern abends haben wir wieder die faszinierende Atmosphäre der Baga Beach Shacks genossen. Tisch in der ersten Reihen, drinks, was zu knabbern, eine Kerze, wenige Leute am Strand, Blick aufs Meer, von hinten wummern die Bässe guten Techno.

Könnten wir hier leben? Kommen wir nächstes Jahr wieder hierhin?

Zum ersten Mal seit langer Zeit trage ich Strandschlappen ohne Strümpfe. Hier passt das einfach. Auch zu mir. Ich fühle mich wohl so.

Also, dieser Teil der Reise scheint wirklich seinen Zweck der Erholung und recovery nach der Rajasthan Tour und vor Mumbai zu erfüllen.

Der Vergleich von Goa mit Mallorca und Teneriffa drängt sich auf. Aber das sind völlig unterschiedliche Welten. Nur das Gefühl, das Sichwohlfühlen, das ist ähnlich.

Schade, daß es hier keine guten Hotels in der Nähe von Calangute oder Baga gibt. Oder vielleicht haben wir ja noch nicht alles gesehen. Aber selbst bei viel Sonnenschein betrachtet, waren die meisten Hotels hier nicht nur überteuert (zumindest für indische Verhältnisse) sondern bringen auch nicht den Standard, den man in der Klasse erwarten kann (funktionierende, regulierbare Klimaanlage, Fön, Safe im Zimmer, Internet access, geräuscharmer Deckenventilator, unverkalkter Duschkopf, Badematte). Jeder der Punkte in Klammern hat uns in unserem jetzigen Hotel, das ja auch so um die 70€ pro Nacht kostet schon Probleme gemacht. Und unser Hotel scheint – so weit wir bisher Hotels hier besichtigt haben – außerhalb der Top-Range das beste in Calangute/Baga zu sein.

Das gap zu den 5-Sterne Hotels wie dem Fort Aguada Beach Ressort ist dann doch sehr groß und es gibt nichts dazwischen. Außerdem ist man in den Ressorts völlig weggeschlossen, läuft ca. 5 min vom Zimmer bis zum gate des Geländes. Dort beginnen erst mal die teuren Taxis (von denen auf dem Gelände wollen wir gar nicht reden), nach weiteren 5 min Fußweg kommt man dann zu den Taxis mit akzeptablen Preisen. Das will man sich natürlich nicht mehrfach am Tag – und abends schon gar nicht – antun; und ohne Taxis geht nichts – wg. Entfernung vom Ort, Straßenbreite, Belästigung etc. wie oben mehrfach beschrieben.

Mit Wehmut also, und dem festen Wunsch, wiederzukommen, nehmen wir Abschied von Goa. Einen großen Sack voller schöner Erinnerungen an dies kleine Paradies am Arabischen Meer nehmen wir mit. Was wir erleben, kann uns keiner mehr wegnehmen. Im Gegensatz zu Geld auf Bankkonten, dem Wert von Aktien, staatlichen und privaten Altersversorgungsmodellen, die in Zeiten der aktuellen Weltwirtschaftskrise auf einmal alle irgendwie in der Gefahr zu sein scheinen, sich ungesichert zu vernichten.

Die Generation unserer Eltern hat durch einen Weltkrieg praktisch alles verloren, was sie mal besaßen – Häuser zerbombt, Geld nach Währungsreform nichts mehr wert, viele Freunde und Verwandte tot. Die Generation unsere Großeltern hatte den 1. Weltkrieg und vor der Mitte des 19. Jahrhunderts gab es ohnehin keine Form der Sicherheit für das „einfach Volk". Warum glaub(t)en wir eigentlich, daß unsere Generation und Zeit so einen Zusammenbruch nicht erlebt?

Also, leben was das Zeug hält, und mit weit offenen Augen durch das Paradies laufen solange wir es können. Der Gedanke, in einer Woche wieder im verregneten, diesigen Düsseldorf zu sitzen, ist schrecklich. Warum bleiben wir eigentlich nicht einfach hier? Besorgen uns ein Dauervisum, mieten ein kleines Haus ein paar Meter landeinwärts und leben für sehr wenig Geld in der Sonne, solange sie scheint und wir es uns körperlich, seelisch und finanziell leisten können.

Die ehrlichen Antworten auf diese Frage, die sich uns so ähnlich auch immer wieder in Teneriffa stellt, sind nicht die bürokratischen Hürden, die Verbote für Ausländer hier oder die Hitze- und Monsun-Zeiten, in denen es hier wohl nicht so leicht auszuhalten ist. Die ehrliche Antwort ist vielmehr, daß zum Genuss des Lebens der Rhythmus von Erholung und Action gehört, der Wechsel von sich fordern und sich gehen lassen. Abwechslung und Rhythmus ist eines der wirklichen Geheimnisse in der Kunst zu leben. Ohne den Zyklus von Planen, Vorbereiten, Lernen, Anwenden, Erreichen von neuen Zielen würde das Leben mir wenig Spaß machen. Und dazu ist hier nicht die ideale Umgebung.

Aber Wiederkommen, das wollen wir. Diese Oase der Sonne und des Meeres in dieser unvergleichbaren Atmosphäre noch einmal genießen. Wir müssen hier wieder hin.


## 12. November 2008, Donnerstag, Mumbai, Hotelzimmer, Tag 21, ca. 8.00

Lehrgeld gezahlt, wieder mal. Ankunft in Bombay. Gedacht, wir kennen jetzt das Land, nach drei Wochen Travel. Weit gefehlt.

Flug mit Spicejet, günstig und sehr neues Fluggerät – weiterhin ist fliegen eine komfortable Erfahrung. 1 Stunden verspätet, was soll's. Nach der Landung und Gepäckeinsammlung suchen wir die in allen Reiseführern erwähnte Taxi-Pre-paid-booth. Gipsy-Taxi touts um uns rum „Taxi, sir.

Taxi sir". Wir fragen nach der Pre-paid-booth „we don't have that here". So, so, solche Antworten haben wir von der Bande schon oft gehört. Aber es stellt sich heraus, er hat Recht. Im Mumbai domestic ! Airport gibt es keine pre-paid-booth. Auch ein Offizieller bestätigt das. Also sind wir at the mercy of the lions.

O.k, wir gehen tapfer durch bis wir vertrauenswürdig aussehende Taxis finden. Kleine, schwarz-gelbe, meist uralte Dinge, aber ganz viele davon. Die habe ich auch schon auf Bildern aus Bombay gesehen. Also rein. Man weist uns eines zu. Also, das sieht doch schon besser aus, hier werden wir sicher nicht total abgeschröpft.

Ich versuche den Preis auszuhandeln. „No sir, go by meter" ist die Antwort. Das ist ja mal ganz was Neues. Kann man wenig gegen sagen. Der Meter ist ein Gerät, das jedes Technikmuseum gerne ausstellen würde. Weitgehend verrostet und unlesbar, dafür aber amtlich verplombt. Analoge Anzeige, d.h. Umklappen von kleinen Zahlenkärtchen für jede der möglichen Stellen (nicht viele). Inklusive von zweistelligen Nachkommaanzeigen für den Preis. Was soll das? Eine Rupie ist 0,015 Euro, da braucht man doch keine Nachkommastellen. Wir wissen daß der am Meter angezeigte Preis bei Ankunft mit einem Faktor multipliziert wird. Dieser Faktor wird laufend geändert um die Preise der Inflation anzupassen. Der Meter lässt sich nicht ändern – klar, vermutlich nicht mehr seit 1950. Also keinen ausgehandelten Preis und mal sehen was ist, wenn wir ankommen.

Das erste kleine Problem: das Gepäck passt nicht in den Kofferraum. D.h., es passt schon aber er lässt sich dann nicht mehr schließen. Unser wendiger Taxifahrer findet irgendwo einen Streifen Plastik (richtiges Band war das nicht), wickelt dieses teils um den Kofferraumgriff (ja, so etwas hat das Fahrzeug) und um die Stoßstange und zurrt alles irgendwie zusammen. Na ja, was sollen wir sonst machen? Aussteigen und fragen wo die größeren Taxen stehen?

Es geht los. Die ersten Kilometer ohne Stau. Dann aber kommen wir in den richtig dicken Stoßverkehr in Bombays Norden. Wir fahren durch die ganz wilden Slums, die hier freundlich „shantytowns" genannt werden. Immer wieder blicken wir ängstlich durch die dunkel verklebt Heckscheibe ob der Kofferraum wohl noch zu ist, oder ob vielleicht einer unserer Trolleys jetzt irgendwo in Bombays Norden auf der Straße rumliegt ohne daß wir das Herausfallen bemerkt haben. Menschen zwängen sich immer wieder im Stau zwischen den Autos durch. Jedes Mal schauen wir sorgenvoll, ob einer der Obdachlosen, die hier am Straßenrand leben, nicht auf die Idee kommt, sich mal schnell einen Koffer aus 'nem Taxi zu greifen und sein Leben etwas aufzubessern (vielleicht mal mit unserem Shampoo duschen oder die gesammelten Urlaubsfotos auf meinem PC anschauen).

Nichts dergleichen passiert. Wir atmen auf.

Der Verkehr ist noch schlimmer als alles, was wir bisher erlebt haben. Wir fahren die meiste Zeit auf einer 4-spurigen Straße mit einer doppelten durchgezogenen Mittellinie. Auf dieser fahren die Motorräder zwischen den Autos. Allerdings in beide Richtungen. Und wenn sie sich entgegenkommen verliert der, der zuerst ausweicht.

In die Gegenrichtung ist jetzt noch mehr Verkehr. Es staut sich endlos. Der indische Autofahrer an sich ist aber relativ ungeduldig. Wenn er nicht „pushen" kann, wird er echt unglücklich und dann sehr kreativ. Als in unsere Richtung an einer Stelle nach einer Ampel (ja, die gibt es hier) etwas weniger Stau ist, entschließen sich einige entgegenkommende Fahrer, den sich stauenden Verkehr auf unseren Fahrspuren zu überholen. D.h. auf einer autobahnähnlichen Straße wird halt die Spur für den Gegenverkehr genutzt um die ganze langsame Bande schnell mal zu überholen. Und wenn man erst mal vorne ist, pusht man sich halt irgendwie wieder in die ursprüngliche Spur.

Erst versuchen nur einige Autofahrer den Geisterfahrer-Überhol-Trick. Dann immer mehr. Und schließlich ist eine von „unseren" Spuren völlig vom Gegenverkehr blockiert und wir schieben uns einspurig Richtung Innenstadt.

Ein anderer, sehr beliebter Trick ist das bei-Rot-noch-eben-durchfahren, das in der indischen Extremform aber so aussieht, daß das „eben" auch ein paar Minuten dauern kann. D.h. auch wenn eine Fahrtrichtung rot hat, fahren alle aus der Gruppe einfach immer weiter, bis sich die anderen Fahrzeuge die jetzt grün haben einfach dazwischenwerfen. Wie immer bremst unter allseitigem Hupen im allerletzten Moment einer von zwei Kollisionskandidaten und so wird der eine Strom durch einen anderen ersetzt. Nachdem das ein bis zweimal an einer Kreuzung vorkommt, achtet sowieso keiner mehr darauf, welche Farbe die Ampel gerade zeigt.

Es dauert endlos. Aber es ist nicht ohne Unterhaltungswert. Die indische Fahrweise, unsere Koffer, die vielen Beinaheunfälle. Wäre das ganze ein Fahrgeschäft auf der Kirmes, müsste man einen Zuschlag zahlen.

Nach zwei Stunden Fahrt kommen wir am Hotel an. Die Hotel-Moltos behandeln unseren Taxifahrer sehr naserümpfend von oben herab. Daß so ein Taxi sich vor ein 5-Sterne Hotel der Taj-Gruppe wagt.... Wir sind aber happy, daß wir heil angekommen sind und so geben wir auf die 500rs (7,50€) noch 10% Trinkgeld. Der Taxifahrer ist happy. Die Hotel-Moltos schauen noch mal das ganze Taxi durch, ob wir nichts vergessen haben bzw. der Taxifahrer nicht mit unseren Sachen abhauen will. Auch das erste Mal, daß wir das sehen. Wird schon seine Gründe haben.

Keine Probleme beim Check-in im Hotel. Man kennt uns, zeigt uns freundlich das Zimmer. Da wir ein „Einzelzimmer" gebucht haben, waren wir nicht ganz sicher, ob es groß genug ist, aber die Sorge war unbegründet. Wenn man bei Expedia ein Einzelzimmer explizit für 2 Personen buchen kann, dann ist es auch groß genug für zwei.

Teuer? 158€ pro Nacht plus Tax. Wir denken, das ist teuer. Wir wissen aber auch, wie die Alternative in Indien aussieht. 3- bis 4-Sterne Hotels sind meist nicht schallisoliert und die meisten der sonst bei den gängigen Reiseportalen verfügbaren Hotels sind in Flughafennähe. Wäre in einer Stadt wie Düsseldorf ja auch kein Problem. Aber jeden Tag erst mal 2 Stunden rein und später wieder raus. Teuer ist relativ.

Jetzt wissen wir, daß das Zimmer im Vergleich geradezu billig ist. Was uns wirklich schockiert sind die Preise in der Bar. Wir wollen einen Wein und ein Bier. Der Wein kostet umgerechnet 10€ und das Bier 5€.

Gestern noch waren wir in Goa am Strand mit 1,10€ für das Bier dabei – für die doppelte Menge – in der besten location.

Das heißt: unser Hotel (oder ist es ganz Bombay?) ist um den Faktor 10 teurer als die Preis-range, die wir in Goa bezahlt haben.

Leider wird diese Erfahrung auch beim Dinner bestätigt. Wir bleiben im Hotel, weil man hier – wie auch in anderen indischen Städten – nicht mal eben zu Fuß in der Umgebung nach einem kleinen schnuckeligen Restaurant suchen kann. Und es ist inzwischen auch schon ziemlich spät. Wir essen also im dem indischen Restaurant, das zum Hotel gehört. Das Essen ist allenfalls mittelmäßig, wir sagen das auch, und natürlich ist es sehr teuer.

## 12. November 2008, Mittwoch, Mumbai, Hotelzimmer, Tag 21, ca. 22.30

Eigentlich wollten wir vor dem Essen ja nur einen kleinen Drink nehmen, in einer Bar, die nahe beim Hotel sein sollte (und bei weitem nicht so teuer!). Eine Empfehlung des freundlichen Taxifahrers, mit dem wir heute Nachmittag eine 3-stündige Stadtrundfahrt gemacht haben.

Nach einer Viertelstunde Fußweg finden wir die „Bar". Allerdings ist es ein „Restaurant und Bar" und als wir reinkommen, gibt es keine Theke und keinen Barbereich, nur gedeckte Tische. Echt nett und echt echt. Ganz andere Atmo als das Hotel. Die waiter sind sehr freundlich. Wir fragen ob „for drinks only" ok ist. Ja, es ist. Und wir landen an einem gedeckten Tisch. Ob wir denn ein paar Snacks wollen. Ja, natürlich, gerne. Man bringt uns die Speisekarte, wir bestelle ein Chicken irgendwas aus dem Tandoori. Es gibt tatsächlich wieder große Kingfischers und kleine Flaschen Wein. Als free Appetizer gibt es erstmal Erdnüsse und ein scharfes masala something. Als schließlich das Hähnchengericht kommt, ist dies mindestens eine halbe Hühnerfarm, zum Glück im Tandoori zu schwarz geworden. Wir schneiden viel ab. Der Rest schmeckt sehr gut.

Um 8 Uhr nehmen wir ein Taxi, um zum reservierten Restaurant zu kommen. Zumindest würden wir gerne. Die Taxifahrer glauben aber, wir wollten nur nach dem Weg fragen. Auch als wir klarstellen, daß wir gerne dorthin gebracht werden wollen, hilft das nicht weiter. Auch mit Hilfe der Visitenkarte des Restaurants wissen sie nicht, wo das sein könnte. Brigitte glaubt, sich an den Weg erinnern zu können, und so fahren wir halt einfach mit einem Taxifahrer los – in der Hoffnung irgendwie das Restaurant zu finden.

Letztlich ist das einfacher als gedacht – Brigitte navigiert. Wir zahlen 0,75€ für den Weg und sind froh, kaum verspätet im Restaurant „Mosche's" angekommen zu sein (der Taxifahrer, dessen Empfehlung es war, meinte, dies sei ein guter Italiener). Wie sich herausstellt, ist es ein Gesamt-Europa-und-Nahost Restaurant. Von patatas bravas über Falafel und Hummus bis hin zu Stufado. Libanesische, spanisch, syrische Gerichte. Wild gemischt. Aber ausgezeichnete Qualität. Wir trinken eine Flasche indischen Wein, nehmen neben Vorspeisen und Hauptgericht sogar noch ein gesharetes Dessert „Delilah – Schokolade, Mousse und Caramel" und zwei Espresso. Gute Erfahrung. Der Preis von knapp 3000 rs (45€) für die Gesamtrechnung ist mehr als gerechtfertigt. Wir sind wieder die einzigen Nicht-Inder.

Da wir jetzt den Weg kennen, gehen wir zu Fuß zurück – ohne Probleme. Einmal müssen wir ein paar Meter auf der Fahrbahn laufen (das kennen wir ja schon), weil auf dem Trottoir nebeneinander ca. 20 Menschen schlafen. Wahrscheinlich die Arbeiter der Fischereibetriebe, die gegenüber hier morgens früh starten.


Aber zurück zum Start des Tages. Als wir aus dem Hotel treten, brauchen wir nicht lange nach Taxiangeboten suchen. Eines mit Klimaanlage (wir lernen ja) bringt uns für 100rs zum Gateway of India. Nicht ohne den Versuch, uns zu bequatschen, lieber eine 3-stündige Stadtrundfahrt für 1200 rs (18€) zu machen. Die machen wir später auch, aber für 700rs und mit einem anderen Fahrer, ebenfalls mit A/C.

Am Gateway of India machen wir erst mal eine halbstündige Hafenrundfahrt (50rs). Sehr praktisch, weil man von See die schönen Gebäude am Ufer am besten sehen kann: der Steinbogen des Gateway of India, die Prachtgebäude des Taj Mahal Palace Hotel und Towers (angeblich eines der besten Hotels der Welt) und viele Gebäude der Innenstadt. An Bord sind wir wieder die einzigen Nicht-Inder – wie so oft auf dieser Tour.

Nach der Bootsfahrt machen wir die Mumbai-Walking-Tour wie sie der Lonely Planet empfiehlt und sehen viele der klassischen Gebäude aus der britischen Zeit. Zeitweise fühlen wir uns wie in London. Dicke Steinmauern von Kirchen und Verwaltungsgebäuden wie man sie aus ganz Großbritannien, aber vor allem aus London – z.B. vom Tower - kennt. Sehr gut erhalten, gepflegt. Höchst beeindruckend. Hier und da ein kleiner Park mit Bänken zum Ausruhen und einem kleinen Brunnen oder See in der Mitte. So etwas haben wir in Indien noch nicht gesehen.

Überhaupt ist eine der Erfahrungen hier, daß man sich jeden Teil Indiens wieder neu erobern muss. So wie Goa eine ganz andere Welt war als Rajasthan, so ist Bombay wieder ganz anders als Delhi, obwohl beides Städte mit 10+ Millionen Einwohnern sind. In Bombay ist in der Innenstadt die britische Infrastruktur nie ganz zerstört worden und wird weiterhin aktiv erhalten. Darum gibt es Bürgersteige, breite Straßen, Ampeln (die zu 80% beachtet werden) und Polizisten, die den Verkehr regeln. Jede Sektion unseres Trips war wirklich wie eine eigene Welt mit eigenen – unterschiedlichen und sich teilweise widersprechenden – Regeln.

Nach dem Stadtrundgang suchen wir uns ein keines Restaurant und finden dies auch („Wich-Lotte" am Colaba Causeway), wenn auch erst nach einigen Fehlversuchen, so hatte das erste Restaurant z.B. keine Toiletten.

Dach dem Lunch beginnen wir die Stadtrundfahrt, die uns u.a. zu der städtischen Großwäscherei führt. Hunderte von Wäschern schrubben und bürsten hier den ganzen Tag über einen Grossteil der Wäsche der Mega-Stadt. Auch die Hotelwäsche landet hier. Andere Stopps sind ein großartiger Jain-Tempel, die hängenden Gärten und der Wassertank der Stadt. Sehr beeindruckend ist auch das Ghandi-Haus, in dem die gesamte Lebensgeschichte des indischen Vordenkers in vielen Szenen mit Figuren, wie in einer ganzen Reihe von Krippen dargestellt ist. Von seiner ersten Konfrontation mit Rassen-Benachteiligung über seine Reden, Hungerstreiks, der Begegnung mit dem englischen König immer wieder Anklagen, Hausarrest und Verhaftungen bis hin zu seiner Ermordung.

Als die Stadtrundfahrt fast beendet ist, kaufen wir noch an diversen Kiosken ein, um nicht die überteuerten Hotelpreise zahlen zu müssen und gönnen uns erstmal eine Pause im Hotel.

Internet-research, ein paar Foto-Grüße per email an die Freunde und Kollegen zuhause, etwas arbeiten – und schon ist Zeit zum Dinner aufzubrechen.

## 13. November 2008, Donnerstag, Mumbai, Hotelzimmer, Tag 22, ca. 22.15

Die Gerüche in Bombay, immer wieder faszinierend. Gerader zurück vom Dinner im fenster-offenen Maja-Taxi (die kleinen gelb-schwarzen). Einmal quer durch Süd-Bombay – vom Marine Drive zur Cuffe Parade. Es beginnt mit dem Geruch von Holzkohlenfeuer, der irgendwie als Basis über der ganzen Stadt hängt – irgendwo brennt irgendjemand immer ein kleines Feuer im Garten ab – dann, als wir an den Fischbuden vorbeikommen, der unüberriechbare smell von viel totem Fisch. Hier wird Bombay Duck produziert, was keine Ente ist, sondern kleine schlammfarbene Fische die - jeweils zwei - an den spitzzähnigen Mäulern zusammengebunden werden und so über einen Ast zum an-der-Luft-trocknen aufgehängt werden. Wenn man im Restaurant Bombay Duck bestellt wird das ganze dann noch mal kurz frittiert und fertig ist das Feinschmeckergericht.

Zwischendurch riecht die immer wieder Stadt so wie die Slumviertel an manchen Stellen aussehen, wie eine Toilette, die sich nicht mehr spülen lässt. Mal so rum, mal so rum. Aber das wird dann schnell wieder von einem anderen Geruch überlagert.

Die Slums in unserer Gegend, auch die, an denen wir gestern vorbeigelaufen sind, sind ohne jede Gefahr für Touristen, jedenfalls ohne dass wir das in irgendeiner Form so empfinden würden. Es gibt halt sehr viele Menschen, die hier auf sehr engem Raum zusammenleben müssen, weil sie um 5 Uhr morgens hier (bei der Fischverarbeitung) arbeiten müssen und das jede Anreise unmöglich macht. Wir blicken in winzige Wellblechhütten, in denen das elektrische Licht (ja!) eine Szene beleuchtet, die wie aus Les Miserables kopiert erscheint. Viele Menschen, spärlich bekleidet, hocken auf engstem Raum, meist auf dem Boden, trinken und essen (mit den Händen). Vor den Hütten noch mehr Menschen. Die ganze Siedlung wirkt jetzt viel dreidimensionaler als tagsüber. Das Licht in den Hütten produziert eine Räumlichkeit und Tiefe der Shantytown, die wir zuvor nicht gesehen haben.

Wir kommen vom Dinner im „Gaylord", einem authentischen indischen Restaurant, das aber wohl (leider) in allen Reiseführern als solches erwähnt wird und daher zu ca. 20% von westlichen Touristen heimgesucht wird. „How long in India" ist so eine typische waiter-Frage. Wir bestellen Vorspeisen und zwei indische Gerichte als Mains: das ist das schärfste, was wir bisher in Indien hatten – pures Feuer. Murgh Chicken Masala und Buthan Lamm. Unglaublich, wie scharf Essen sein kann. Wir genießen es.

Neue Erkenntnis: Bier ist eine weitere der Substanzen mit denen sich das Spicy-Feuer löschen lässt (es geht auch mit Reis oder Yoghurt). Wir löschen so gut wir können.

Vor dem Dinner waren wir im Ambassador Hotel auf der anderen Straßenseite gegenüber im 12 Stock und haben einen netten Cocktail (Bloody Mary, ja, sehr gut gemacht hier) im rotierenden Restaurant genossen. „Is it really o.k., just for drinks?" unsere eindringliche Frage als wir merken daß die 14. Etage, die eigentlich als Bar fungiert nicht in Betrieb ist und wir eine Etage tiefer ins Restaurant gebeten werden.

Die Welt dreht sich um uns, und so kommt langsam der „necklace" des Marine Drive, die lang gezogene Lichterkette der Bombay Bay in den Blick und dreht sich auf uns zu.

Schönes Taxi-Erlebnis beim Trip von unserem Hotel zum Ambassador: wir sagen wo wir hin wollen, der Taxi-Ober-Mufti raunt uns zu „one hundred" (als wenn er uns ein unsittliches, aber unwiderstehliches Angebot gemacht hätte), ich lache einmal laut auf, und sage „we just paid 50 this afternoon" (zwar so nicht ganz richtig, aber was soll's). Er gibt auf und akzeptiert die 50 (was nur bedeutet, daß wir heute Nachmittag auch zu viel bezahlt haben) und wir haben einen wenig gesprächigen Fahrer der nur hier und da vor sich hin muffelt.

Highlight des Tages war der gemütliche boat trip (jede Fahrt eine Stunde) zum Elephanta-Island, wo es jede Menge Hindu-Höhlen gibt. Alte Tempel mit noch recht gut erhaltenen Steinmetzarbeiten aus sehr frühen Zeiten. Unter anderem ein dreigesichtiger Shiva, was uns wirklich beeindruckt (na, ja ...). Außerdem jede Menge frei lebende Affen und die Chance auf dem Rückweg vor dem Boot ein Lunch zu nehmen. Ich esse mein erstes Thali – für 50 rs (zwei scharfe Saucen an Reis mit Kartoffeln und ein paar extra Gewürzen, sehr schmackhaft). Ein Hauptgericht für ca. 0,75€. Bombay muss also nicht unbedingt super-teuer sein.

Nach der Boots-Tour fahren wir noch mit Taxis zu diversen Sehenswürdigkeiten, haben einen Kaffee mit Kuchen im vollständig übertouristischen aber irgendwie netten Leopold-Café und ruhen uns anschließend etwas im Hotel aus. Was heißt, daß ich die Fotos auf den PC lade, bearbeitete, Texte hinzufüge und mich schließlich wundere, daß nur noch 15 Minuten bleiben, um mich etwas zu entspannen, bevor wir zum Dinner aufbrechen. Wieder ein phantastischer Tag.

## 15. November 2008, Samstag, Mumbai, Hotelzimmer, Tag 24, ca. 01.15

Auch heute jede Menge Gerüche, immer wieder Gerüche. Wem schon vom Lesen schlecht wird, sollte dies Kapitel besser überschlagen.

Bombay ist hochfaszinierend, aber geruchsmäßig bei weitem die schlimmste Stadt auf dieser Tour. Es gibt Straßen, die riechen einfach nach Scheiße, nach menschlichen Ausscheidungen, buchstäblich nach Kacke. Dann gibt es andere Gegenden, die riechen beim Durchfahren minutenlang nach Urin. Wieder andere wie die fischverarbeitende Gegend nahe unserem Hotel sind schon von weitem an ihrem durchdringenden Fischgeruch erkennbar. Gewässer muffeln nach Kloake, mal mehr, mal weniger. Das ist grundsätzlich unterschiedlich von den o.g. Wahrnehmungen, da hier eine deutliche Note von Fäulnis hinzukommt, die in den anderen Fällen (noch) nicht vorliegt. Und wenn es nach nichts anderem riecht, dann dringt wieder der Holzkohlen-Wälder-Abbrenn-Rauch durch, der eigentlich immer irgendwie vorhanden ist.

Von Autoabgasen und Räucherkerzen will ich hier gar nicht erst schreiben, auch nicht von diversen Duftwässerchen mit denen die Hotels glauben, ihre Hallen verschönern zu können.

Bombay hat ja sogar einen eigenen schönen, langen Strand, Chowpatty Beach. Nur baden kann man hier natürlich nicht, das Wasser ist absolut toxisch.

Dabei ist Mumbai eigentlich eine grünere Stadt als viele andere. Viele Parks, Grünstreifen, die Nähe zum Wasser. Der Smog ist deutlich geringer als in Delhi. In den Nachrichten hören wir heute zum ersten Mal von der „braunen Wolke" von Smog die zur Zeit von der Arabischen Halbinsel über Indien und Süd-Ost-Asien bis nach China reicht. Ein neuer globaler Klima-Horror?

Eigentlich sollte ich schlafen um diese Zeit. In der Nacht vor unserem letzten Inlandsflug von Mumbai nach Delhi. Aber es gibt so viel was raus will, so viele Eindrücke und Erlebnisse zu verarbeiten. Sonst habe ich in solchen Situationen oft Songtexte geschrieben. Egal, irgendwie muss es raus.

Draußen heult ein Hund. Das Hupkonzert ist weitgehend verstummt. Die noch wunden Eindrücke des Tages sind jetzt stärker als die neuen, aktuellen Sinneswahrnehmungen und kommen wieder hoch.

Wir waren gegen 7 Uhr abends eingeladen in die Hospitality Suite zum Treffen mit dem Manager des Hotels. Keine Ahnung, was uns diese Ehre eingebracht hat. Dress code. „smart casual". Wir versuchen den Mangel an Smartheit mit umsomehr casual appearance wettzumachen. Ich jedenfalls - Brigitte sieht immer vorzeigbar aus - aber ich habe halt nur Jeans zum anziehen. Es stellt sich heraus, daß das ein netter Umtrunk ist, free drinks on the house mit Schnittchen und kleinen Vorspeisen auf indisch. Wir sind auch nicht die einzigen Gäste, eingeladen sind wohl alle, die halt am Freitagabend noch nichts Besseres vorhaben und keine Gruppenreisenden sind.

Wir sprechen lange mit dem General Manager des Taj President – spannende Vita – er sagt seine beste Station sei Sanaa im Jemen gewesen, da müssen wir unbedingt mal hin. Dann stellen wir uns zu vier Deutschen, von denen sich herausstellt, daß eine Dentalmesse im nahe gelegenen World Trade Center sie nach Mumbai gebracht hat. Zwei von ihnen wohnen in Kaarst. So klein ist die Welt. Die Jungs sind noch richtig im Job-Modus, siezen sich alle untereinander und arbeiten (bis auf zwei) für unterschiedliche Firmen, stehen also miteinander im Wettbewerb. Die Zeiten, wo Firmen jeweils größere Gruppen auf solche Messen geschickt haben sind wohl auch vorbei. Heute ist eine der Headlines, daß Europa jetzt endgültig in der Rezession steckt: das Wirtschaftswachstum im 3. Quartal war negativ.

Wir reden über unsere Eindrücke von Indien. Armut. Armut? Die „Times of India" schreibt heute, daß die Armutsgrenze in Indien, bei 500 (und irgenwas) Rupien Monatseinkommen liegt. Das wären unter 10€. So kann man sich die Lage auch schönrechnen. 55% der Bewohner Mumbais leben in Slums. Trotzdem muss – nach allem was wir bisher gehört haben – niemand hungern. Viele Tempel bieten Speisungen für die an, die sonst nichts zu essen haben. Die organisierte Bettelei im Stil von Mutter-drückt-jammerndes-Kind-ans-Autofenster an den touristischen Höhepunkten macht ebenfalls deutlich mehr den Eindruck von organisierter Kriminalität – ähnlich wie in unseren Innenstädten in Deutschland. Da bleibt wohl für die Bettelnden selbst wenig über. Man erzählt uns, sie würden in Gruppen morgens an diese Plätze gefahren und müssten am Ende des Tages ihr Geld an ihre Zuhälter abgeben.

Das gilt nicht für alle Bettelnden. Ein Fall heute bleibt mir dauerhaft in Erinnerung, ein alter Mann, kaum bekleidet, schleppt sich auf einen Stock gestützt zwischen den vor einer Ampel wartenden Autos durch. Wir entschließen uns hier was zu geben - einer der ganz wenigen Fälle – kommen aber nicht schnell genug an unser Kleingeld. Die Ampel wird grün, wir wühlen immer noch, der alte Mann hoppelt erstaunlich behende neben dem Auto her – das Fenster ist offen, sieht uns nach Geld suchen. Aber das Taxi fährt los, die Lücke zum nächsten Fahrzeug ist zu groß geworden, der Taxifahrer gibt Gas, wir verlieren den Mann aus den Augen.

Ja, wir sehen einen Grossteil des Lebens in Mumbai - wie auch schon in anderen Städten - durch die Taxifenster, die immer offen sind. Die schwarzen Taxis haben keine Klimaanlage und so sind eben alle Fenster immer offen. Das hilft beim Fotografieren, aber dient natürlich auch der ungefilterten Wahrnehmung aller optischen, akustischen und (s.o.) olfaktorischen Eindrücke.

Heute war der Tag, an dem wir in Bombay die noch offenen Sehenswürdigkeiten schön nacheinander mit diversen Taxis abgeklappert haben. Wir beginnen mit den Dhobi Wallas am Dhobi Ghat am Mahalaxmi Bahnhof. Hier wird noch mehr Wäsche gewaschen als am anderen Dhobi Ghat in unserer Nähe. Außerdem bietet sich ein guter Blick auf die meist völlig überfüllten Vorortzüge, aus deren Türen Trauben von Menschen heraushängen, sowohl um besser Luft zu bekommen als auch weil die Züge innen völlig überfüllt sind.

Danach geht es zum Mahalaxmi Tempel und zum Grabmal Haji Ali's (dort ist der Geruch besonders übel und wir fahren gleich weiter). Ein halbstündiger taxi-ride bringt uns zurück Richtung Süden zum Crawford Market. Wir atmen die unglaublichen (aber diesmal guten) Gerüche des Obst-und Gemüsemarktes, der den „Bauch von Bombay" darstellt. Lebende und tote Tiere, Schokolade, Gewürze, alles unter einem Dach. Die Umgebung bis hin zur Jama Masjid Moschee ist sehr bunt. Viele Läden, die ihr Angebot zur Straße hin ausgebreitet haben. Alles, was man sich denken kann.

Apropos alles käuflich: vorgestern fragt uns ein Taxifahrer wie viele Kinder wir den haben. Keine? Da kann er natürlich gerne Abhilfe schaffen. Ob er uns nicht gleich zu einer Stelle fahren soll, wo man Kinder adoptieren könne. Das ginge in Indien ganz einfach. „and you can test run child for month or half year if you want". "no like child, you bring back".

Lunch im „Mocha" auf der Veer Nariman Rd. Eine wilde Mischung aus indischer und europäischer Küche mit einem Touch Kaffeebar. Die Bestellung von zwei doppelten Espressi (wir sagen natürlich „espressos") überfordert den Kellner. Was denn nun, doppelt oder zwei? Er bringt einen einfachen, dann auf Nachforderung nicht zwei doppelte sondern nur einen. Oder ob er sie alle in eine Tasse gekippt hat? Es wird nicht klarer. Schließlich haben wir aber doch genug Kaffee im Bauch und ziehen uns erstmal für ein Päuschen ins Hotel zurück.

Dinner nach dem Empfang im Hotel (mit gutem Chardonnay und vielen guten kleinen Snacks) dann wie gestern im „Gaylord". Ich esse einen Lobster Termidor für 700rs (~10 EUR). Das indische Food gestern war mir doch etwas zu scharf. Brigitte macht das nichts aus, sie bleibt bei Chicken-irgendwas. Ich probiere davon, höllisch scharf. Auch Brigitte isst nicht ganz auf. Dazu Kingfischer wegen der Schärfe, und um das Flüssigkeitsdefizit des Tages etwas auszugleichen.

**16. November 2008, Sonntag, Delhi, on board LH763, Tag 25, ca. 09.30**

Der letzte Eintrag in meinem Logbuch dieser spannenden Tage. Wir sitzen im Flieger. In 20 min sollten wir starten. Es geht zurück nach Deutschland. Über drei Wochen keine deutschen Zeitungen gelesen, kein deutsches Fernsehen, aber natürlich im Internet verfolgt was so passiert ist.

Der letzte Tag und die letzte Nacht in Delhi waren – wie so vieles auf diesem Trip – eine ambivalente Erfahrung.

Nach der Landung des Spicejet-Fluges – fast pünktlich – endloses Taxiing, so ca. 20 min bevor wir in den Bus umsteigen und endlich in den Airport kommen. Ein Segen ist, daß wir diesmal ein Zimmer mit airport pickup gebucht haben. Dementsprechend steht im Abholerbereich des Flughafens ein freundlicher Mensch mit einem Schild mit meinem Namen und dem Namen des Hotels – sauber ausgedruckt, nicht wie die meisten von Hand gekritzelt. Das lässt für das Hotel hoffen.

Wir hatten unsere Ankunft per email annonciert, und sogar eine freundliche Bestätigungsmail erhalten (das schriftliche Englisch der Inder ist so viel besser als das mündliche). Das Hotel ist das Clark International. Wir haben in Agra schon mal in einem Hotel der Clarks-Hotelgruppe gewohnt und glauben jetzt dies sei aus der gleichen Gruppe und Klasse. Na ja, der Preis von 80€/Nacht und die Dreisterneklassifikation hätte uns stutzig machen sollen, aber auf expedia ist eigentlich immer Verlass.

Der Wagen vom Flughafen fährt nach der Autobahn dann sehr schnell in eine „busy area", will sagen „dirt road", mehr Fahrradrikschas als Tucktucks und davon wieder mehr als normale Autos – und natürlich Stop-and-go im dicksten Staub- und Smog-Nebel. Wir glauben daß wir halt durch diese Gegend durch müssen, um in eine bessere zu kommen. Weit gefehlt, in der Mitte des Viertels Karol Bagh, das man wohl eher als Slum-Gegend bezeichnen muss, taucht auf einmal zwischen Gebäuden in unfertigem Zustand oder im Teil-Abriss befindlichen Häusern der ansehnliche Eingangsbereich unseres Hotels auf, so wie wir ihn aus dem Internet kennen.

Eine Oase der guten Absichten in der Mitte einer Müllhalde. Das trifft wohl den Gesamteindruck, auch nach einer Nacht. Die Straßen hier sind nur teilweise asphaltiert, teilweise völlig aufgerissen, mit dem Schutt wiederaufgefüllt und dann plattgetrampelt. Kann man dann drüberfahren, staubt aber – und das nicht zu schlecht.

An den Seiten der Straße leben die Menschen im Müll, Kot, Urin, Abfälle säumen den Rand. Autos, meist wild geparkt, machen den Weg de-facto einspurig. Wenn die Gebäude begehbar sind, leben die Menschen auch auf mehreren Etagen von Rohbauten wie Obdachlose.

Im Hotel ist unser Zimmer fensterlos, wir fragen nach einem größeren und bekommen das Luxuszimmer des Hauses, das zwar auch nur ein sehr kleines Fenster hat, aber noch größer ist. Alle Basics sind vorhanden und neben den großen Betten gibt es auch noch zwei bequeme Sessel. Über das Zimmer können wir uns also eigentlich nicht beschweren. Das Wasser läuft, allerdings gibt es warmes Wasser nur nach expliziter Nachfrage (sowohl gestern Nachmittag als auch heute Morgen).

Nach der Ankunft im Hotel gegen 15.30 Uhr wollen wir schnell los um noch was von Delhi zu sehen. Aber wie sollen wir vom Hotel loskommen? Zu Fuß verbietet sich, weil man einfach nicht durchkommt zwischen den diversen Verkehrsmobilen hier, außerdem wüssten wir gar nicht, wie wir gehen sollten. Orientierung in Delhi ist schon deshalb schwer weil es keine Straßenschilder gibt.

Also Tucktuck. Als sich ein leeres nähert (wg. Stop-and-go) handeln wir einen Preis aus (80rs, viel zu viel), und überleben irgendwie den Transport zum Lashkmi Narayan Tempel. Durch so viel Staub, Abgase und ohnehin schlechte Luft gleichzeitig sind wir auf der ganzen Reise noch nicht gefahren. Wenn das Tucktuck vor eine Kreuzung wartet und der LKW neben uns so richtig Gas gibt und uns den schwarzen, schlecht verbrannten Dieselstaub ins Gesicht bläst, fühlen wir uns wirklich wie kurz vor der Hölle.

Der Tempel ist schön, sehr groß, rot-gelb, harmonisch aufgeteilt und über und über mit Hakenkreuzen bemalt. Etwas, das wir natürlich schon oft gesehen haben und wissen, daß es ein altes sakrales indisches Symbol ist und hier nichts mit der Vergangenheit unseres Volkes zu tun hat.

Wir geben unsere Schuhe ab – und leider auch alle Fotoapparate und Handys etc. Rundgang mit Punkt-auf-die-Stirn-gedrückt-bekommen. Die meisten Besucher sind gläubige Inder, die hier ihre Religion praktizieren.

Nach ein paar Minuten haben wir eigentlich alles gesehen, gehen wieder nach draußen und machen halt von draußen noch ein paar Fotos. Inzwischen wird es dunkel – es ist kurz nach 4 Uhr. Wir suchen uns ein Taxi (wieder viel zu teuer) und fahren zurück zum Hotel wo wir erstmal auf der schönen Dachterrasse eine Pause einlegen. Wenn man sich das unglaubliche Hupkonzert wegdenkt, könnte es hier malerisch sein, na ja, da müsste man auch noch den Baustaub wegnehmen, der bis hier oben reicht und die Sicht wäre natürlich besser, wenn man a) überhaupt was sehen könnte (wg. Smog) und b) es was zu sehen gäbe außer einigermaßen baufälliger Häuser und ein paar total verstopften Straßen.

Wie so oft kommen wir schnell mit anderen Travellern ins Gespräch. Eine junge Frau aus Kanada erzählt uns von ihrem 2-wöchigen Trip aus Anlass der Hochzeit ihrer Schwester mit einem Inder („he is the brown one in the group over there"). Für sie war das der letzte Trip nach Indien („I've had it, we're in the middle of the slums here"). Sie ist nicht die einzige Gesprächspartnerin heute, die diese Meinung äußert. Ein älteres Ehepaar aus Finnland (be-)sucht seinen Sohn, der auf long term Travel in Indien ist, und sie wohl hier einquartiert hat, weil das aus Backpacker-Sicht wahrscheinlich der ultimative Luxus ist. Wir quatschen uns mit der Kanadierin fest, und tauschen Reiseerlebnisse aus. „When you take the train, it's even worse", erzählt sie, „people just pull down their pants and shit on the platform". Das haben wir so nicht erlebt, brauchen wir auch nicht. Vielleicht war es doch eine gute Idee, von Goa nach Mumbai zu fliegen, statt den hochgelobten Konkan-Train zu nehmen.

Nach einem Stopp auf dem Zimmer gehen wir zum Dinner ins Hotelrestaurant. Ich brauche eine Jacke weil es so tiefgekühlt ist. Aber auch draußen ist es in Delhi inzwischen kälter geworden, deutlich unter 20° nachts.

Wir schlafen tief und viel diese Nacht – wenn der Rotor des Ventilators läuft, hört man das Hupen nur noch sehr gedämpft. Am Morgen braucht das warme Wasser erst mal wieder einen Eingriff des Haustechnikers (nicht so toll, wenn man die Zeit knapp geplant hat und zum Airport will), aber dann kann ich wirklich gut duschen (Brigitte hatte vorher mehr oder weniger kalt geduscht, weil keine Zeit mehr war.)

Zum ersten Mal sehen wir heute Morgen beim Transfer zum Flughafen Menschen auf den Straßen, die mit dicken Jacken herumlaufen. Es ist relativ kalt, völlig nebelig (versmogt halt) und die Straßen sind fast leer. Unser Fahrer, der höchstens 15 Jahre alt ist (wir können uns ohnehin nicht vorstellen, daß hier irgendjemand einen Führerschein hat – oder braucht) schafft den Weg zum Airport in Rekordzeit.

Das ist auch gut so, denn im Airport wartet schon die übliche indische Oberbürokratie auf uns. Das Hotel riet dringend dazu, „3 Stunden vor Check-in“ am Flughafen zu sein. Wir lehnen das ab, sind ca. 2 Stunden vor Abflug da und schaffen es locker. Aber natürlich auch dank des Lufthansa-Vielflieger-Status, der es uns erlaubt, uns an der kürzeren Schlange anzustellen.


Ein Abschied von Indien, der dank der zwiespältigen Erfahrungen des letzten Tages nicht ganz so schwer fällt. Ich wundere mich, daß ich die ganze Zeit über kaum zum Denken gekommen bin, keine großen, neuen Ideen & Konzepte für Job oder privat gesammelt habe, wie ich das sonst gerne im Urlaub mache. Alle grauen Zellen waren völlig damit beschäftig die Indischen Erfahrungen zu verdauen, den nächsten Stop-on-the-way vorzubereiten, Fotos zu sortieren und die normalen, kleinen, praktischen Dinge des Lebens zu bewältigen (wo kriegt man jetzt ein Taxi, wie geht die Dusche warm, wie handele ich den Tucktuck-Preis runter ...).

Es wird dauern, bis ich wieder in die frühere, normale Welt zurückkehren kann. Der Impact dieses Urlaubs wird wohl verzögert zuschlagen, und ich habe noch keine Idee wie. Bin ich tougher geworden in den 3 Wochen? Praktischer? Entscheide ich jetzt schneller? Kann ich die kleinen, unwichtigen Aufreger des business-as-usual besser ignorieren? Ich weiß es noch nicht. Oder schalte ich morgen früh im Büro einfach wieder um auf „normal"? Schwer zu glauben.

Diese Reise hat Spuren hinterlassen. Erinnerungen, Erlebnisse, Begegnungen, die Bilder dieser anderen Welt kann man nicht einfach wegklappen, wie man eine Seite umblättert oder eine Schublade zuschiebt nachdem man sie voll gestopft hat. Welche Wirkung diese Spuren auf mich haben, vermag ich noch nicht zu beurteilen. Dafür ist alles noch viel zu frisch.

Kommen wir wieder? Ja! Dazu gibt es noch zu viel zu entdecken in Indien. Das Land ist zu spannend. Indien ist im kurzen Rückblick für mich wie die Inkarnation des Orients. Die Welt, in der die Märchen aus dem Morgenland noch zu erleben sind, oder jedenfalls ihre noch sehr lebendigen Überreste. Gleichzeitig ist Indien aber auch ein Entwicklungsland auf einem sehr spannenden Weg in die neue Zeit, mit extremen Herausforderungen aber auch mit unglaublichem Potential. Davon wollen wir gerne noch mehr sehen.

# Epilog

Eigentlich wollte ich den Reisebericht mit den letzten Worten des letzten Reisetages beenden, aber die Ereignisse der letzten Tage – der 60-stündige Terrorüberfall auf Mumbai 10 Tage nachdem wir dort waren – erfordern eine Nachbetrachtung, ohne die der Bericht nicht vollständig ist.

Mittwochabend, wir kommen nach hause, im Fernsehen CNN „breaking news – Terror in Mumbai", die ersten Stunden des Überfalls. Rauch und Feuer steigen aus dem Taj Mahal Hotel auf, dem Schwesterhotel unseres Taj President Hotels. Das Leopold-Café, in dem wir nachmittags Kuchen gegessen haben, sieht so aus wie ein kleines Café aussieht wenn dort wild herumgeschossen wird und Handgranaten gezündet werden: Blutlachen am Boden, Tische und Stühle umgestürzt, Gepäckstücke von Touristen, die in Panik aufgebrochen sind, irgendwo liegt ein deutschsprachiger Lonely Planet herum. Der Bahnhof CST, den wir nur als Victoria Terminal kennen, einer der schönsten Kolonialbauten der Stadt, von dem wir viele Fotos gemacht haben, ist ebenso angegriffen worden wie das Oberoi-Trident Hotel. Ein Krankenhaus, der Colaba Market sowie ein jüdisches Zentrum in der direkten Umgebung unseres Hotels werden ebenfalls von den Terroristen angegriffen.

Der Schock sitzt tief, und will auch nach Tagen nicht weichen. Selbst heute, am Sonntag danach, exakt zwei Wochen nach unserer Rückkehr, ist niemand so ganz sicher, ob wirklich alle Terroristen gefasst sind, oder ob es noch Verstecke gibt, aus denen der Kampf plötzlich wieder losgehen könnte.

Ca. 180 Tote bis jetzt, ca. 300 Verletzte. Ca. 30 Ausländer unter den Toten, drei Deutsche. Zehn Terroristen sind gefasst, nur einer lebend. Der scheint auch zu reden – wohl keine Überraschung, da ist den indischen Vernehmern sicher etwas eingefallen, was ihn dazu bewegt hat. Es scheint Beweise für Verbindungen nach Pakistan zu geben, wenn nicht sogar alle Täter Pakistani sind oder jedenfalls aus Pakistan nach Mumbai gekommen sind. Damit droht der Konflikt zwischen den beiden Atommächten Indien und Pakistan wieder aufzuflammen. Das ist das letzte, was diese Region und die Welt in der aktuellen Wirtschaftskrise braucht.

Ein Ereignis historischen Ausmaßes, die Folgen noch nicht absehbar. Wieder mal ist die Katastrophe knapp an uns vorbei gegangen. Der Einschlag ereignete sich an den Orten, an denen wir waren, aber auf der Zeitachse knapp daneben. Nicht das erste Mal. Ich denke daran, daß ich am 11. September 2001 in Washington war und den Rauch über dem Pentagon mit bloßem Auge von unserem office aus sehen konnte. Wir denken an das relativ große Erdbeben in Kalifornien, das sich ein paar Tage nach unserer Abreise in den späten 80er Jahren dort ereignete. Ist das so, daß – wenn man viel reist – man auch oft knapp am Chaos vorbeischliddert?

Sollen wir uns freuen, daß wir nicht betroffen sind, oder uns sorgen, weil die Einschläge immer näher kommen?


Klaus Elix

Meerbusch, Deutschland

30. 11. 2008